해/양/레/저/스/포/츠

바다로 가자

해/양/레/저/스/포/츠

바다로 가자

발행일 2013년 12월 26일 발행인 정상철 지은이 진윤수 · 정문현
펴낸곳 충남대학교출판문화원 주소 대전광역시 유성구 대학로 99
전화 042-821-6045 홈페이지 cnupress.cnu.ac.kr E-mail cnupress@cnu.ac.kr

ISBN 978-89-7599-496-8 03690
정가 18,000원

해/양/레/저/스/포/츠

바다로 가자

진윤수 · 정문현

충남대학교출판문화원

머리말

다년간 대학에서 해양레저스포츠를 지도해 오면서 적당한 교재가 없어 어려움을 겪고 있던 차에 이번에 기회가 되어 해양레저스포츠 「바다로 가자」를 출판하게 되어 매우 기쁘게 생각합니다.

필자는 25년간 해양레저스포츠계에 몸 담아오면서 다양한 경험과 실전을 바탕으로 학생들에게 보다 효과적이고 만족도가 높은 교육을 하기 위한 방법들을 연구해 왔습니다.

국민소득 3만불 시대가 목전에 있고, 저수지개발특별법, 4대강 사업과 마리나 건설 붐, 동력레저조종면허 시험과 요트 면허시험이 연수전형으로 변경되면서 해양레저스포츠의 확대가 더욱 빨라지고 있습니다.

삼면이 바다인 우리나라에 살면서 수영을 못하고, 해양을 즐길 줄 모른다면 이것이 이상한 것이라고 할 만큼 친수공간과 관계된 수변개발은 전국을 무대로 빠르게 이루어지고 있습니다.

이와 더불어 캠핑족이 증가하고 있고, 보는 스포츠에서 하는 스포츠로 그 내용이 변화하였고, 여기에는 해양레저스포츠 뿐만이 아니라 갯벌체험과 야외요리 등 그 즐거움의 영역이 날로 확대되고 있습니다.

필자는 오랜 수업 경험을 통해 해양레저스포츠의 진정한 묘미 3가지를 '보고, 즐기고, 먹기' 로 정의하게 되었고, 본 서의 구성에도 이를 반영하였습니다.

부디 이 교재가 수업을 듣는 학생들과 해양레저스포츠를 사랑하는 동호인 여러분들께 좋은 안내서가 되기를 바랍니다.

끝으로 이 책이 완성될 수 있도록 도움을 주신 충남대학교 요트부 박만석 감독님, 타고플라이 배준성 대표, 갑천수상레져체험장 배열재 관리장, 윈드서핑의 모델이 되어 준 멋진 선수들과 출판을 도와주신 충남대학교출판문화원에 진심으로 감사를 드립니다.

2013년 12월 대덕캠퍼스에서

저자 씀

목차

chapter 01 해양레저스포츠란 …23

1. 해양레저스포츠의 정의 …23
2. 해양레저의 진화 …24

chapter 02 바람을 이용한 해양레저스포츠 …29

1. 윈드서핑(windsurfing) …29
2. 요트(yacht) …116
3. 카이트 서핑(Kitesurfing) …120

chapter 03 엔진을 이용한 해양레저스포츠 …125

1. 모터보트(Motorboat) …125
2. 제트스키(Jet ski) …128
3. 바나나보트(Water Sleigh) …130
4. 고무보트(Rubber boat) …131
5. 수상스키(Water ski) …133
6. 플라이피쉬(Fly Fish) …135
7. 땅콩보드(Peanut boat) …136
8. 웨이크보드(Wake Board) …137
9. 패러세일링(Parasailing) …139

chapter 04 노를 이용하는 해양레저스포츠 …143

1. 래프팅(Rafting) …143
2. 조정(Rowing) …156
3. 카누(Kanu) …158
4. 카약(Kayak) …160
5. 드래곤보트(용선) …164

chapter 05 기타 수상스포츠 장비들 …167

1. 수상자전거 …167
2. 기타 해양레저기구들 …170

chapter 06 스포츠피싱 …173

1. 바다낚시 …173
2. 장소에 따른 낚시 …174
3. 장비에 따른 낚시 …179
4. 어종에 따른 낚시 …180
5. 위험한 바다생물들 …182

chapter 07 해양레저스포츠를 안전하게 즐기려면 …189

1. 물놀이 사고 …189
2. 안전한 물놀이 즐기기 …191
3. 물에서 주의해야 할 행동 …192
4. 해상에서 위험한 상황 …193

chapter 08 수상스포츠 관련 변화들 …197

1. 마리나항 개발 …197
2. 4대강 개발과 수상스포츠 …200
3. 저수지 개발 특별법의 시행 …202

chapter 09 갯벌 체험과 먹거리 …209

1. 갯벌 …209
2. 갯벌 생물 잡는 법 …210

사진으로 보는 해양레저스포츠

Royal Caribbean
MARINA MIRAGE

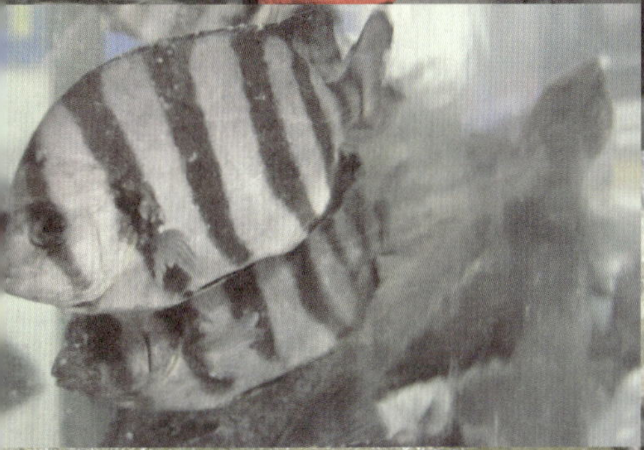

chapter 01

해양레저스포츠란

1. 해양레저스포츠의 정의
2. 해양레저의 진화

chapter 01

해양레저스포츠란

1. 해양레저스포츠의 정의

해양레저스포츠는 최근들어 많은 변화를 이루고 있는 분야로 그 의미도 내륙에서는 수상레저스포츠라고 하며 해양에서는 해양레저스포츠라고 불리고 있다.

수상스포츠는 물에서 하는 스포츠의 총칭이다. 워터 스포츠(Water Sports)라고도 불리는데, 여기에는 수영, 조정, 카누가 있고 요트, 윈드서핑과 같이 바다에서 하는 종목도 있다(위키백과,2013). 결과적으로 수상스포츠는 물에서 이루어지는 모든 스포츠를 의미한다.

특별히 수상과 수중을 구별하여 얘기하지는 않는데, 최근에는 해양스포츠, 해양레저스포츠라는 용어를 사용하여 바다에서 이루어지는 스포츠를 따로 얘기하기도 한다. 그러나 이를 모두 총칭하는 용어로 수상스포츠가 통용되고 있다.

본 서는 해양에서 이루어지는 수상스포츠 활동들을 주로 다루었다. 특별히 해양을 고집하는 이유는 민물에서보다 그 즐거움이 매우 크기 때문이다. 바다낚시와 회거리, 탈거리와 볼거리 등이 민물과는 비교가 안된다. 그러므로 본 서에서는 해양레저스포츠란 용어를 사용하고자 한다.

2. 해양레저의 진화

과거에는 바다에 가면 해수욕을 즐기고 회 한 접시 먹고 오면 최고의 휴양으로 여기던 때가 있었다. 그러나 소득이 향상되고 여가시간이 늘어나면서 바다를 찾는 사람들이 많아지게 되었고, 때를 같이하여 다양한 해양레저스포츠 장비들이 개발되었다.

윈드서핑, 요트 등의 장비들이 보다 편리하도록 진화했으며, 모타보트, 제트스키, 요트 등의 엔진레저가 고급화되고, 래프팅, 용선, 레저카약, 패러세일링, 카이트서핑 등이 개발되는 등 다양한 용구의 발전이 있어 왔다.

또한 사람들이 바다에 와서 체험학습의 일환으로 바다낚시나 갯벌체험을 즐기게 되었고, 최근에는 캠핑족이 늘어나면서 주말이 되면 텐트를 칠 수 있는 곳에 사람들이 몰려들고 있다.

진정한 휴양은 좋은 구경하고, 잘 즐기고, 잘 먹는 것이다. 변화하는 시대에 발맞춰 이처럼 발전된 레저시대에 살고 있는 여러분들이 본 서의 내용을 습득하여 보다 즐거운 인생을 보내길 바란다.

chapter 02

바람을 이용한 해양레저스포츠

1. 윈드서핑(windsurfing)
2. 요트(yacht)
3. 카이트 서핑(Kitesurfing)

chapter 02

바람을 이용한 해양레저스포츠

1. 윈드서핑(windsurfing)

1) 윈드서핑의 역사

윈드서핑(Windsurfing)은 일정한 판 위에 돛대를 세우고 바람을 받으며 파도를 타는 스포츠이다. 윈드서핑을 처음 고안해 낸 사람은 미국 캘리포니아 출신의 컴퓨터 기사 호일 슈바이처로 1967년의 일이다(위키백과, 2013).

호일 슈바이처는 보드부분과 리그부분을 간편하게 연결해 주는 유니버셜 조인트를 개발하여 윈드서핑을 전세계적인 스포츠로 발전시켰다. 요트와 서핑이 절묘하게 합쳐진 윈드서핑의 개발로 많은 윈드서퍼들이 세계 전지역에서 윈드서핑을 즐기고 있으며, 올림픽에는 1984년 하계 올림픽 때 정식 종목으로 채택되었다.

현재는 많은 제품들이 개발되어 초보자들도 쉽게 배울 수 있도록 보드가 넓게 제작되기도 하고, 어린이나 여성을 위해 작고, 운반이 쉽도록 나온 제품들도 많이 있다. 그러나 아직까지도 우리나라에서는 윈드서핑의 수요가 많지 않아 관련 산업이 미진한 실정으로 수입에 의존하고 있다.

2) 윈드서핑의 특징

1) 요트는 수면 아래로 러더(rudder)라는 방향키가 붙어 있지만, 윈드서핑은 오로지 리그부분을 움직여서 방향을 조정한다.
2) 윈드서핑은 보드와 리그부분이 유니버셜조인트로 결합되어 있어 넘어질 때 세일 부분만 넘어지게 된다. 그러나 경우에 따라 보드가 뒤집히기도 하나 손쉽게 다시 뒤집을 수 있다.
3) 유니버셜 조인트는 360도 어느쪽 방향으로도 기울일 수가 있다. 그래서 윈드서퍼는 보드 위에서 빠르게 움직이는 세일방향의 반대방향으로 몸을 재빠르게 이동하여 중심을 잡아야 한다.

3) 윈드서핑 배우기

□ 바람의 힘으로 달리는 재미

윈드서핑은 오로지 바람의 힘으로만 움직이는 무동력선이다. 그래서 친환경적이다. 오로지 바람을 이용한 자신의 힘으로만 서핑을 조정하며 즐기고 돌아올 수 있다. 이때 느끼는 쾌감은 말로 표현할 수가 없다.

□ 자유와 해양스포츠

바다에는 신호등도 차선도 없다. 내가 가고 싶은 곳 어느 방향으로든 질주가 가능하다. 해양스포츠는 자유를 즐기는 스포츠이다. 그 대표적인 종목이 윈드서핑이다. 물과 바람만 있다면 더 이상 필요한 것이 없다.

□ 바람과 파도와 윈드서핑

- 바람과 파도는 방향이 같다. 조류의 영향으로 삼각파가 치기도 하지만 일반적인 경우는 아니다. 파도를 넘고 가르며 질주할 때 느끼는 쾌감과 자연에서 오는 감동은 일일이 표현이 안된다.

- 날씨와 바람

윈드서핑은 야외스포츠로 날씨에 가장 많은 영향을 받는다. 일단 바람의 세기에 따라 장비선택(세일의 크기)을 해야 하며, 비가 오거나, 파도가 많이 치거나, 바람이 전혀 없는 날은 윈드서핑을 즐기기 어렵다. 그러므로 일기예보를 확인하는 것은 매우 중요한 과정중의 하나이다.

- 바람은 변한다

· 해풍과 육풍

초보자들이 잘 모르고 실수하는 것 중에 하나가 육풍이 불 때 윈드서핑을 나가는 것이다. 초보자들이 풍상을 치고 택킹을 여러번 하면서 육풍이 불어오는 해안으로 들어오는 것은 매우 어렵다.

반면 해풍이 불 때는 바다로 나가는 것이 쉽지않다. 풍상을 치고 나가야 하는데 보드가 파도와 뒤섞이면 윈드서핑의 조작이 쉽게 되진 안는다.

· 자연 지형에서의 바람

초보자들이 흔히 착각하고 실수하는 것 중에 하나가 육지에서 느꼈던 바람 방향이 바다에서도 그대로 일 것이라고 오판을 하는 것이다. 바람은 파도를 만드는 장본인이다. 멀리 산이 있다든지, 큰 건물이 있어서 바람에 영향을 주고 있다면 반듯이 그 지형으로 인해 바람 방향이 바다 위에서 바뀌게 된다. 바다 위의 물 색깔이 진한 곳이 바람이 많이 부는 곳으로 바람이 없는 날에는 바람 부는 곳을 찾아 다녀야 윈드서핑을 더 스릴있게 즐길 수 있다.

해안 지형이 만으로 되어 있는 경우, 만을 벗어나면서 바람이 세지는 경우가 많다. 초보자인 경우 이곳에 들어서면서 바람에 밀려 표류하게 되므로 자신의 실력을 고려하여 반듯이 숙달자와 함께 윈드서핑을 즐겨야 한다.

4) 윈드서핑의 명칭과 기능

윈드서핑은 보드(Board)와 리그(Rig)로 나누어 설명할 수 있다. 보드는 말 그대로 부력이 있는 배를 의미하며, 리그는 세일을 포함한 마스트, 붐, 스케그, 조인트를 결합하여 세팅한 부분을 통틀어서 말한다. 리그와 보드를 유니버셜조인트로 결합하면 하나의 윈드서핑이 된다.

세일 보드는 조작이 쉽고 운반이 간편할 뿐만 아니라 대자연과 더불어 진행되기 때문에 다른 운동종목에서 얻을 수 없는 스릴과 모험을 체험할 수 있다.

· **다운 홀 라인**(Downhaul-line) : 세일을 보드 방향으로 당겨 고정시키기 위해 유니버셜조인트에 연결된 로프로 세일의 하단부와 마스트를 연결한다.

· **대거보드**(Daggerboard) : 보드가 바람에 옆으로 밀리는 것을 방지하는 장치로 보드 가운데에 장착하게 되어 있다.

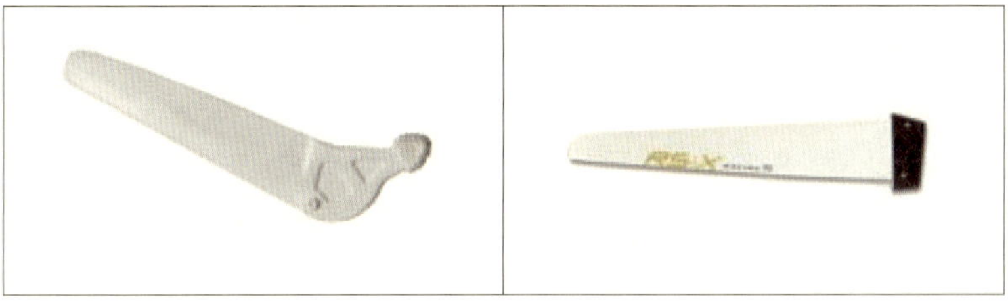

· **마스트**(Mast) : 세일을 세우는 기둥으로 세일의 마스트포켓에 마스트를 집어넣고 아래에 유니버셜조인트를 끼워 보드와 연결하게 된다. 마스트 중간에는 붐을 연결한다.

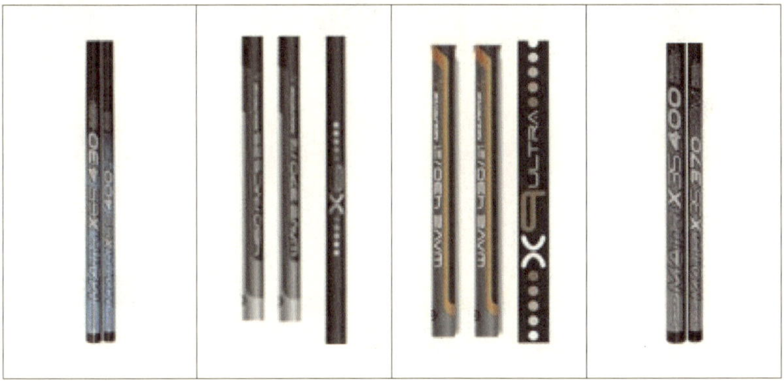

· **배튼**(Battens) : 세일이 원활하게 바람을 받을 수 있도록 세일을 평평하게 펴 주어 세일이 힘을 받게 되는 보조 뼈대이다. 배튼은 배튼포켓에 넣어 세팅한다.

· **보드**(Boarl) : 보드의 표면은 보통 플라스틱으로 되어 있으며, 부력을 위해 속

은 벌집구조로 이루어져 있다. 보드의 앞 부분은 바우(Bow), 뒷부분은 스턴(Stern)이라고 부른다. 보드의 형태에 따라 레이싱용과 레저용으로 구분이 되며, 롱보드와 숏보드(점핑보드) 등이 있고 부력에 차이가 있다. 보드의 밑 부분(바닥)은 마찰저항을 최소화하기 위해 매끄럽게 처리되어 있다. 바우에는 바우아이(Boweye)라는 구멍이 있어서 견인줄을 맬 수 있으며, 스턴 부분에는 위에는 풋스트랩이 있고, 아래에는 스케그가 부착되어 있다.

· **붐**(Boom) : 세일을 조정하는 운전대 역할을 하며, 마스트에 붐조로 연결되며 세일에는 아웃홀라인으로 연결된다. 붐을 조정해서 바람을 많이 받거나 조금 받게 되며, 좌우 방향 조정을 할 수 있다. 또한 하네스라인을 걸어 힘을 덜 들이고 서핑을 즐길 수 있게 된다.

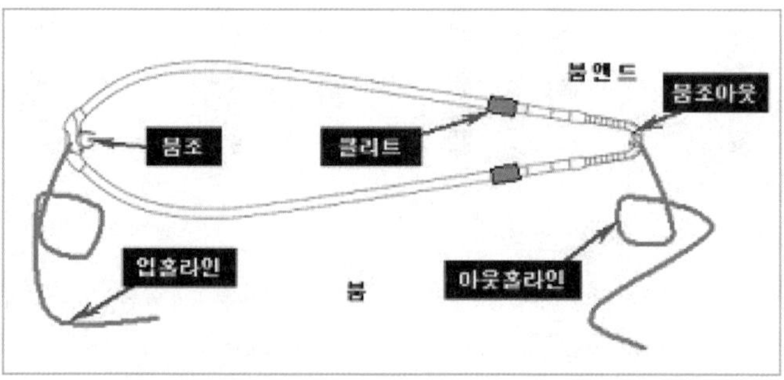

출처 : www.windmania.co.kr/windsurfing(2013.10.30)

· **붐조**(Boom jow) : 붐과 마스트의 연결 부속

· **세이프티 라인**(safety line) : 세일과 보드가 분리되는 사고를 방지하기 위해 세일과 보드를 연결해 놓는 가는 구명로프. 대개 유니버셜조인트와 마스트트랙 부분을 연결한다.

· **스케그**(Skeg) : 상어의 등지느러미와 같이 보드의 직진성을 높이고 대거보드와 같은 역할을 한다. 핀(Fin)이라고도 한다.

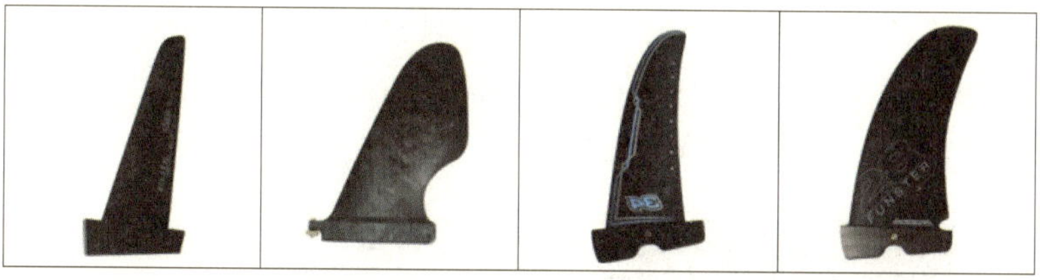

· **어저스더블 톱** : 다운홀을 팽팽하게 한 상태에서 세일의 풋(하단)이 마스트 풋(아래)에 최대한 가까워지도록 어저스터블 톱(길이를 조절하는 세일의 헤드 부분 라인)을 조절한다.

· **업홀라인**(Uphaul line) : 세일을 처음 일으킬 때 사용하는 로프(Rope)로 붐조에 연결되어 있다. 뉴트럴포지션에 사용되기도 하며, 로프택킹, 로프자이빙 때도 사용된다.

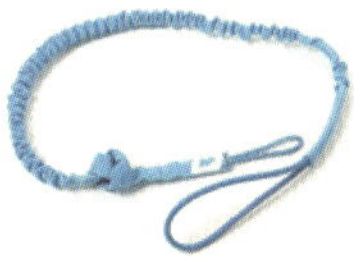

· **유니버셜조인트**(Universal joint) : 보드와 세일을 연결하는 역할을 하며, 유니버셜조인트의 발명으로 윈드서핑이 탄생하게 되었다. 어느 방향으로든 360도 회

전이 가능하다. 그러나 고무로 되어 있어 오래 사용하면 파손되기도 한다.

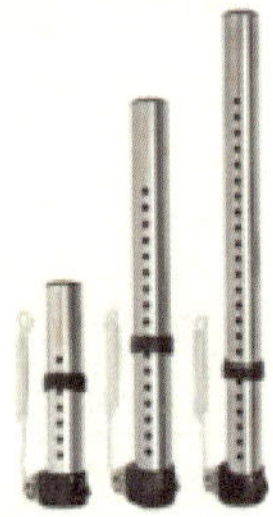

· **익스텐션**(Extension) : 마스트 하단에 끼워서 마스트의 길이를 조절하는 부속으로 마스트와 세일의 길이가 안맞을 때 사용한다. 바람이 약한 날 큰 세일을 사용하게 되면 세일의 길이가 길어지고 마스트가 짧게 되어 익스텐션을 사용하게 된다.

· **풋스트렙**(Footstrap) : 보드 위에 설치하는 고정용 발걸이로 바람이 강할 때 몸이 세일에 딸려가지 않도록 고정하는데 사용한다.

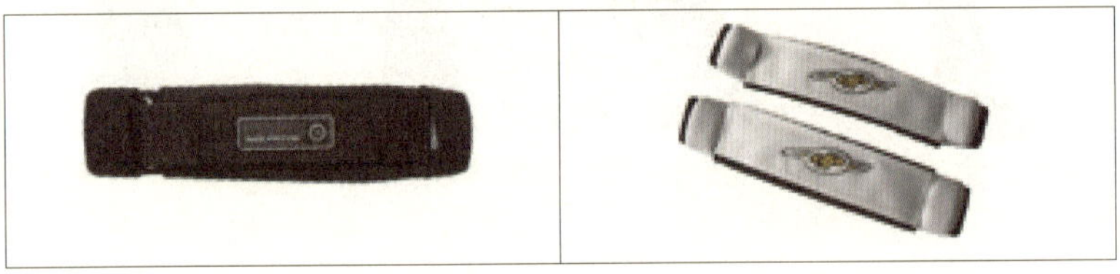

■ 보드부문

■ 리그부문

■ 보드의 종류

AWB2555
13 Formula
Power & Speed
2,650,000원

AWB2565
13 Slalom Xl
2,150,000
(옵션에 따라 변동)

AWB2580
13 Super Sport Pro
2,150,000원

AWB2585
12 Super Sport Pro
1,830,000원

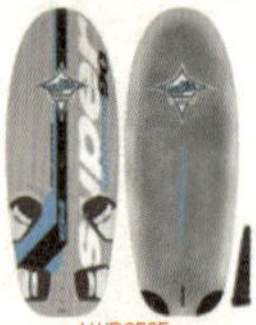

AWB2595
12 Super Light Wind
Pro
2,000,000원

AWB2600
13 X-Cite FWS
1,800,000원

AWB2605
12 X-Cite FWS
1,530,000원

AWB4750
School board
1,500,000원

■ 세일의 종류

AWC5010
2013 H2 Racing
960,000
(옵션에 따라 변동)

AWC5015
2013 Solar
530,000
(옵션에 따라 변동)

AWC5190
2012 RS Slalom
1,050,000
(옵션에 따라 변동)

AWC5210
2011 Atlas
680,000
(옵션에 따라 변동)

AWC5320
2010 Solo
510,000
(옵션에 따라 변동)

AWC5325
Dragonfly
460,000
(옵션에 따라 변동)

AWC5326
2013 School Sail
420,000
(옵션에 따라 변동)

AWC5330
이월 School Sail
280,000
(옵션에 따라 변동)

출처:에어웨이브.http://www.airwave.co.kr/(2013.10.30)

5) 부속 장비들

(1) 비치티셔츠

우리나라는 구명조끼를 착용해야지만 해양레저스포츠를 즐길 수가 있다. 외국의 경우는 보통 서퍼들이 날씨가 쌀쌀하지 않으면 비치티셔츠 만으로 서핑을 즐긴다. 그래서 날씨가 더운 날에도 윈드서퍼들이 두꺼운 웨트슈트나 구명조끼를 착용한 모습들을 보게 된다. 그러나 날씨가 쌀쌀한 봄가을에는 배수가 잘되고 햇볕을 피할 수 있으며, 적당히 보온성도 갖춘 비치티셔츠를 속에 착용하는 것이 많은 도움이 된다.

여러 가지 형태의 비치티셔츠

(2) 웨트슈트

웨트슈트는 재질과 모양, 디자인이 매우 다양하다. 웨트슈트는 그 기능이 발전되면서 다양한 두께와 보온성을 갖춘 제품들을 출시하게 되었고, 윈드서퍼들은 이런 장비 사용을 통해 윈드서핑을 1년 내내 즐길 수 있게 되었다. 매서운 바람이 부는 12월~2월에도 윈드서퍼들이 바다에서 윈드서핑을 즐기는 모습들을 종종 볼 수 있다.

슈트는 체온을 유지하고 충격으로부터 몸을 보호하는 역할을 한다. 슈트는 기능에 따라 웨트슈트(Wet Suit), 세미드라이슈트(Semi Dry Suit), 드라이슈트(Dry Suit)로 나뉘어지는데 보통 웨트슈트를 많이 착용한다. 디자인은 다양하며, 두께는 3mm, 5mm, 8mm, 10mm 등 보온성과 활동성, 부력을 고려하여 제작된 기성

품과 맞춤복들이 있다.

① 웨트 슈트(Wet Suit)

웨트 슈트는 물에 젖는다. 하지만 슈트 내에 공기층을 형성하여 체온 저하를 막아주고, 자체 부력이 있어 해양레저스포츠 활동시 안전장비로도 활용되며, 해양경찰청에서도 구명조끼를 대신할 수 있는 장비로 인정받았다. 슈트는 긴 팔에 긴 바지 형태인 풀 슈트, 반 팔에 긴 바지 형태인 시걸, 반팔에 반바지 형태인 튜닉(Tunic)으로 구분된다. 긴 바지에 소매가 없는 슈트도 많이 사용된다.

여러 가지 형태의 웨트 슈트

② 드라이 슈트(Dry Suit)

겨울철에 드라이 슈트가 있으면 춥지 않게 윈드서핑을 즐길 수 있다.

드라이 슈트는 손목과 발목, 목 부분에 라텍스 개스킷(Latex gaskets)을 부착하여 피부에 착 달라붙게 되어 있어 슈트 내부로 물이 들어오지 않는다. 웨트슈트에 비해 고가이며 물에 빠져도 완벽히 방수된다.

③ 슈트의 적절한 사용

슈트는 활동하는 시기와 특성에 따라 선택을 해야 한다. 활동시 외부 온도와 신체의 움직임을 감안하여 자신의 신체사이즈에 맞는 슈트를 제작하는 것이 가장 좋다.

스킨스쿠버 다이빙의 경우는 헤드웨어가 달린 5mm 이상의 풀 슈트를 사용하며, 윈드서핑, 패들링 등 활동성이 강한 스포츠의 경우는 소매가 없거나 반소매 형태의 3mm 두께의 슈트를 많이 사용한다.

(3) 몸에 지니는 부속물

윈드서핑에 사용되는 장비는 자신의 기능과 상황에 따라 달라진다. 장갑, 부츠(비치슈즈), 하네스, 하네스 라인, 라이프재킷(또는 슈트), 호루라기, 비상용 로프 등은 대표적인 부속 장비들이다.

· **방수용품들** 다양한 방수용 백을 이용하여 장시간의 세일링에 간단한 개인 장비를 집어넣을 수 있다. 그러나 방수기능이 제대로 유지되고 있는지를 단단히 확인해야 한다. 잘못해서 작은 틈이라도 생긴다면 고가의 장비들을 몽땅 잃게 된다.

			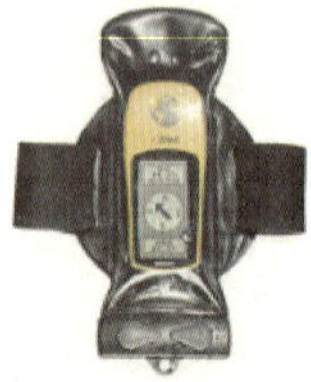
Aquapac drypack	Aquapac Key Master	Electronic case	Arm pack

여러 형태의 방수용품들

· **장갑** 윈드서핑용 장갑의 개발은 겨울철 윈드서핑을 가능하게 만들었다. 겨울철에는 동상에 걸리기 쉽기 때문에 반듯이 장갑을 착용해야 한다. 윈드서핑용 장갑은 방한을 목적으로 하기 때문에 손가락이 3개 밖에 없다.

여러 형태의 장갑

· **부츠**(슈즈) 부츠는 보드 표면과 추위로부터 윈드서퍼의 발을 보호해 준다.

여러 형태의 부츠

· **라이프 자켓** 웨트슈트가 얇을 경우에 부력을 보조해주며, 라이프 재킷을 입으면 보드나 마스터 등의 외부 충격에도 더 안전하게 체온을 보호 할 수 있다. 시중에는 다양한 종류의 라이프재킷이 나와 있으며, 요즘에는 기능과 디자인, 색상이 좋은 많은 제품들이 판매되고 있다.

여러 형태의 라이프 자켓

· **임팩트자켓** 구명조끼를 대신하며, 큰 충격에도 신체를 보호하는 능력이 커 안전하게 윈드서핑을 즐길 수 있게 해준다.

· **칼** 사고가 발생했거나 긴급히 장비를 수리해야 하는 등의 조치를 해야 할 때 필요하다.

· **호루라기** 사고나 어려움이 생겼을 때 주변에 도움을 요청하기 위해 필요하다.

· **비상용 로프** 사고가 발생했을 때 보드를 견인하기 위해 필요하다. 보통 바우아이에 로프를 묶는다.

· **모자** 햇볕이 강할 때는 모자를 착용하여 자외선을 차단해주는 것이 피부건강에 좋다.

· **캐리어 스트랩** 보드나 서핑을 운반할 때에 차량에 싣게 되면 캐리어 스트랩을 사용하여 단단히 고정시켜야 한다.

· **후드와 캡**(cap) 날씨가 너무 추운 겨울철에는 후드나 캡을 써 주어 체온손실을 막아 주어야 한다.

· **선글라스** 햇볕이 강할 때는 선글라스를 써 주는 것이 좋다. 먼 시야를 확보해 주는 것이 방향을 선택하는 데 큰 역할을 한다. 윈드서핑용 선글라스는 고글라인으로 연결된 것을 사용해야 고가의 선글라스 분실을 방지할 수 있다.

여러 형태의 선글라스

· **하네스** 중급자 이상의 실력을 갖추면 하네스를 이용하게 되는데, 세일에 미치는 바람의 힘을 몸 전체에 분산시키는 하네스를 사용하게 되면, 체중을 사용하여 체력을 덜 소모하게 되어 피로를 덜어주며 장시간의 세일링을 가능하게 해 준다.

· **하네스 라인** 로프를 이용하여 버클 형태로 만들어지며, 하네스 바를 하네스 라인에 걸어 붐을 조정하게 된다.

Seat Harness	Harness bar	Harness Line

■ 윈드서핑은 어떻게 움직이는가

진행

러닝
속도가 나지
않는다
브로드리치
세일링의 가장 기
본적인 방향
(풍하 45도 방향)
하
빔리치
세일링의 가장 기
본적인 방향
(바람과 직각방향)
크로스홀드
크로스홀드를 통해
택킹을 하며 방향
전환을 한다
(풍상 45도 전까지)
데드존
데드존
데드존 구역에서는
세일이 펄럭이며
나아가질 않는다
상

6) 윈드서핑의 조립

(1) 세팅(Setting)

윈드서핑을 처음 시작할 때 초보자들은 반듯이 올바른 세팅 방법을 배워야 한다. 이를 배우지 않고 성급히 보드에 오르게 되면 물 속에서 혼자 있을 때 장비에 문제가 생기면 돌아올 방법이 없게 된다. 윈드서퍼들은 언제든지 장비에 이상이 생기면 물 속에서 장비를 수리할 수 있는 능력이 있어야 된다. 그러므로 윈드서핑의 세팅 방법을 숙지하는 것은 대단히 중요한 일이다.

① 세팅하는 장소

세팅은 가능하면 사람이 없는 풀밭에서 하는 것이 좋으나, 여건에 따라 하는 것이기 때문에 아스팔트나 콘크리트 위에서는 장비 손상을 조심하고, 바다에서는 모래 위에서 조립하는 경우가 많은데 부품에 모래가 들어갈 수가 있으므로 주의해서 세팅을 해야 한다.

② 세팅순서

■ **1단계: 세일 펴기**

1. 무조건 바람을 등지고 세일을 편다. 마스트는 항상 내 몸을 중심으로 풍상쪽에 있어야 한다. 마스트를 세웠을 때 세일이 기처럼 반대쪽으로 펄럭이면 바람은 등 뒤에서 불어오고 있는 것이다.

2. 마스트를 세일의 밑에서부터 마스트 슬리브에 끼워 맨 위까지 밀어 넣는다.

3. 유니버셜조인트를 마스트에 끼우고 다운홀 라인을 느슨하게 맨다.

■ 2단계: 붐의 높이와 조립

1. 자신의 키에 맞추어 붐을 장착할 높이를 정한다. 일반적으로는 세일을 세웠을 때 붐이 가슴 높이로 오도록 조립한다.
2. 붐 조를 마스트에 고정시키고, 아웃홀 라인을 사용하여 세일을 붐 앤드에 고정한다. 이때 고정시키는 매듭을 잘 사용하여 풀리지 않도록 한다.
3. 마스트와 붐 사이에 여유가 없게 하는 것이 중요하다.
4. 배튼을 배튼 포켓에 끼운 후 팽팽하게 조정한다. 배튼 포켓에 주름이 생기면 안 된다. 그러나 배튼 포켓을 무리해서 당기면 포켓이 찢어질 수 있다.

①
②
③
④
⑤
⑥
KOR211
⑦
⑧

■ 3단계: 유니버셜조인트의 고정

1. 바닥에 앉아서 발로 마스트를 밀면서 다운홀 라인을 당겨 팽팽하게 한 후 유니버셜조인트에 고정시킨다. 나무 조각에 로프를 감아도 같은 효과를 낼 수 있다.
2. 붐에 고정되어 있는 아웃홀 라인을 팽팽하도록 조정한다.
3. 모든 조립이 끝나면 늘어진 로프들이 풀리거나 발에 걸리지 않도록 잘 묶는다.
4. 리그를 세워 보고 바람을 받아 보면서 세일 상태를 점검한다.

■ 4단계: 튜닝

아웃홀 라인과 다운홀 라인을 조립한 뒤에 마스트와 붐의 길이를 조정해야 하는 경우가 있는데 이것을 "튜닝" 이라고 한다.

· 붐 조 세팅하기

붐 조는 버클식으로 되어 있어 조립이 쉽다.

다만 아웃홀 라인을 맨 후에는 수정이 번거로우므로, 자신이 조정하기 제일 편한 위치를 선택하여 꽉 조인다. 과거에는 붐 조가 개발되지 않아서 여기도 인홀 라인을 이용한 매듭으로 조립을 했었다. 그래서 서핑 도중에 라인이 느슨해 지거나 끊어져서 곤란한 경우들이 생겼었는데 요즘에 나오는 장비들은 조립이 편리하도록 잘 만들어져 있어 손쉽게 서핑을 즐길 수 있다.

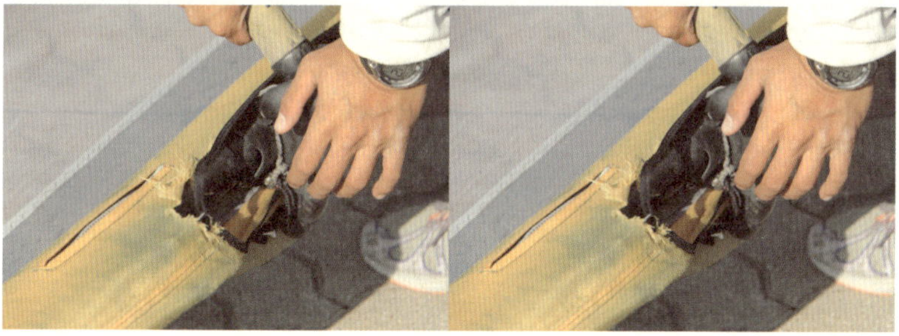

· 다운홀 라인의 점검

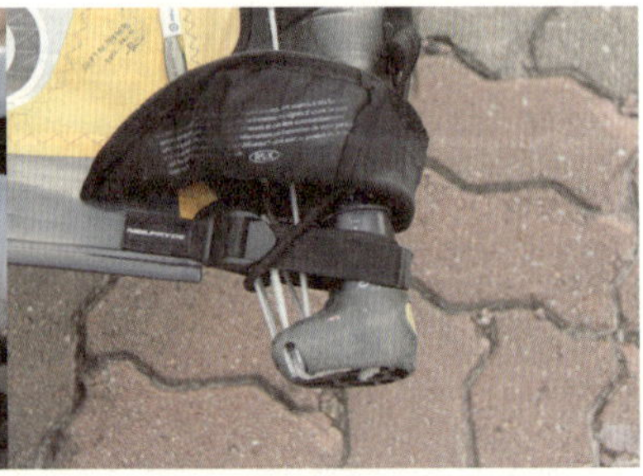

· 세팅의 검사

· 리그와 보드의 합체

리그부분의 유니버셜조인트를 보드 부분의 조이트베이스에 집어 넣고 롤링을 채워 조립한다. 물 속에서 조립을 해도 괜찮지만 파도가 있는 경우에는 어려움이 생길 수 있다.

중급이상의 윈드서퍼들은 물에서 조립해서 비치스타트를 이용해서 윈드서핑을 즐긴다.

· 리그 점검

조립이 끝나면 육지에서 세일을 세워 조립상태를 확인해야 한다.

· 마스트트랙의 점검

· 풋스트랩의 점검

· 바우 아이의 점검

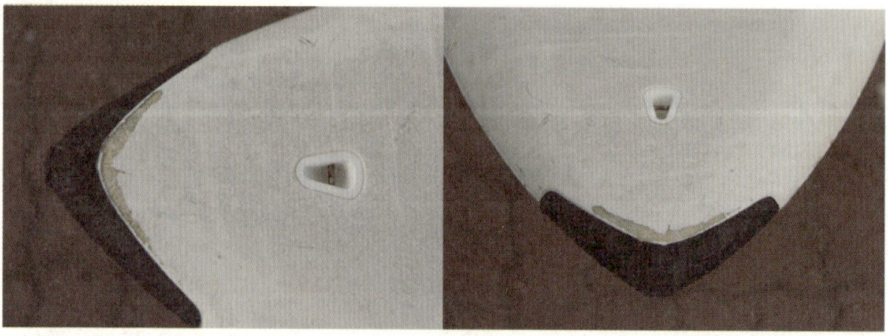

· 스케그의 점검

· 대거보드의 조립

· 상판의 점검

윈드서핑 보드의 윗면에는 미끄럼을 방지하기 위한 논슬립 기능이 있다. 이것은 발이 미끄러져 쉽게 넘어지는 것을 방지하려는 목적에서 만들어 졌는데, 초보자들은 자주 물에 빠지면서 보드 위로 반복해서 올라갈 때 이로 인해 무릎 등에 상처를 입게 된다. 반대로 오래된 보드를 사용할 경우에는 논슬립 기능이 없어져서 맨발로 밟게 되면 매우 미끄러워 윈드서핑을 즐기기 어렵게 된다. 이때는 슈즈를 꼭 신도록 한다.

7) 장비의 운반

■ 1인 보드 운반법

윈드서핑 보드를 운반할 때에는 주변에 충돌해서 장비가 손상될 수 있으므로 조심해야 한다. 윈드서핑 보드를 운반하는 방법은 매우 간단하지만 바람이 많이 부는 날에는 보드가 자칫 날아갈 수 있으므로 매우 주의를 해야 한다. 그러므로 쉽게 운반하면서도 사고를 방지할 수 있는 운반 방법을 습득하도록 한다.

· 혼자서 보드를 나르는 방법 A

머리로 보드를 받치고 어깨에 걸쳐서 나르는 방법이 있다. 요즘은 보드가 가벼워서 쉽게 운반할 수 있다.

· 혼자서 보드를 나르는 방법 B

보드를 혼자서 옆으로 들 때는 한쪽 손으로 보드의 조인트를 잡고 다른 손으로는 대거보드를 세워서 보드의 밑 면에 나온 대거보드를 잡는다. 조인트가 없을 때는 마스트 트랙에 손가락을 집어넣어서 들면 되지만 손가락이 좀 아플 수 있다.

· 혼자서 보드를 나르는 방법 C

보드의 양쪽 풋스트랩을 잡고 등에 메고 나르는 방법이 있다. 이 방법은 키가 큰 사람이 유리한데 풋스트랩은 잡기가 편하여 운반을 쉽게 하도록 해준다.

■2인 운반법

· 둘이서 보드를 나르는 방법 A

한 사람은 보드의 앞부분(바우)을 잡고, 다른 사람은 보드의 뒷부분(테일)을 잡고 운반하면 보드를 매우 간편하게 운반할 수 있다.

· 둘이서 보드를 나르는 방법 B

보드를 둘이서 옆으로 들면 운반이 쉬워진다. 두 사람이 보드의 양쪽 끝을 팔로 안아 겨드랑이에 끼고 앞사람이 방향을 이끌면서 운반하면 된다.

· 혼자서 리그를 나르는 방법 A

양 손으로 붐을 잡고 머리로 세일의 중앙부분을 받치면서 세일을 운반할 수 있다. 바람이 불어오는 방향을 잘 살피면서 바람을 잘 받으면 쉽게, 힘을 안 들이고 세일을 운반할 수 있으나, 바람이 셀 경우에는 몸이 붐 뒤에 있기 때문에 조심할 필요가 있다.

· 혼자서 리그를 나르는 방법 B

리그를 옆으로 나르는 방법이 있다. 이 방법도 세일을 매우 손쉽게 운반할 수 있는데 한 손은 붐을 잡고, 다른 한 손은 마스트를 잡고 운반한다. 이때 등은 당연히 풍상을 향하게 서야 한다.

· 둘이서 리그를 운반하는 방법

둘이서 리그를 운반할 때에는 두 사람이 어깨 높이로 리그의 탑 부분과 베이스(조인트) 부분을 들면 된다. 리그를 운반할 때에는 반듯이 마스트가 풍향과 직각이 되도록 해야 한다. 이렇게 하면 세일이 바람에 날아가지 않고 가볍게 되어 운반을 편하게 할 수 있다.

8) 장비의 정리 및 보관

윈드서핑을 마친 후에는 반듯이 장비를 세척해 두어야 파손을 막을 수 있다.

■ 보드의 정리

바람의 영향을 덜 받는 곳에 보드 보관소를 마련하고 로프로 고정해 놓아야 예상치 못한 파손에 대비할 수 있다.

9) 패들링(Paddling)

서핑을 즐기다보면 갑자기 바람이 강해지거나 바람이 하나도 불지 않는 상황이 종종 발생된다. 특히 해가 지는 일몰 때가 되면 기압이 변하여 바람이 불지 않게 되는데, 윈드서핑은 바람이 불지 않으면 움직일 수가 없기 때문에 이때는 육지로 돌아오기 위한 비상수단을 마련해야 한다.

패들링은 보드 위에 엎드려 팔로 물을 저어 나오는 동작으로 세일링 중 돌발 상황이 발생하거나 인명구조를 할 경우에 매우 효과적인 방법이다. 패들링을 할 때에는 조류, 물때 바람 방향과 속도, 체력을 고려해야 한다.

■ 패들링 1

바람이 약해서 패들링을 할 경우에는 리그부분을 보드의 뒤쪽에 올리고 균형을 잘 잡아 눕힌다. 이때 윈드서퍼는 눕거나 엎드리면 된다. 이때 종아리 부위를 이용해서 마스트와 세일을 잘 받쳐야 된다. 세일이 물에 닿게 되면 똑바로 진행하기가 어렵기 때문에 세일을 균형되게 받치는 것이 중요하다.

■ 패들링 2

강풍이 불어 더 이상 세일링이 불가능하다고 판단이 되면 재빨리 리그를 해체하여 패들링으로 해변으로 돌아가야 한다. 보드 위에 걸터앉아 대거 보드를 내리고 리그를 분리한 후 배튼을 전부 빼내고 붐을 마스트에서 분리한 후 세일을 둘둘 말아 놓는다. 업홀 라인으로 세일을 마스트에 고정시킨 후 붐 엔드를 마스트 톱 쪽으로 눕히고 아웃홀 라인을 이용하여 고정시킨다. 꼼꼼히 단단하게 말아야 물이 들어가지 않는다. 조인트가 앞을 향하게 보드 가운데에 잘 올려놓고 그 위에 엎드려 패들링을 한다.

· 잘못된 패들링

보드 위에서 중심을 못잡으면 보드의 진행은 불가능해 진다.

· 견인

보드의 바우 아이에 견인줄을 걸면 손쉽고 안전하게 견인할 수 있다.

10) 구조신호 보내기

■ SOS 신호

체력이 고갈되거나 위험한 상황이 되었다고 판단될 때에는 지체하지 말고 구조 신호를 보내야 한다. 신호는 국제표준 수신호로 양손을 머리위로 넓게 벌리고 좌우로 크게 계속해서 흔들면 된다. 리그를 물에 내리면 떠 내려가는 속도가 느려지고 보드의 흔들림이 적어져서 조금 안정을 찾을 수 있다. 위급한 상황에서는 절대로 보드를 떠나면 안 된다. 그러면 수온에 의해 체온을 잃게 되고, 체력을 더 소모하여 위험한 상황에 노출된다.

■ 바우 아이를 이용한 구조

상급 윈드서퍼나 모타보드, 제트스키 등에 의해 구조를 할 경우 로프를 이용하여 서핑보드를 견인할 수 있다. 구조되는 보드의 바우아이에 견인줄을 묶고 상급자 보드의 풋스트랩이나 모타보드의 견인 봉에 견인줄을 튼튼하게 묶는다. 윈드서핑으로 견인할 경우에는 구조되는 윈드서핑의 세일이 물에 닿지 않도록 패들링 자세로 세일을 들어 주어야 한다. 그렇지 않으면 견인하는데 매우 힘이 들게 된다. 초보자가 사용하는 보드에는 미리 바우 아이에 견인고리를 만들어 두는 것이 좋다. 만약 매우 위험한 상황이어서 정상적인 구조를 할 수 없다면 세일을 버리고 보드만 이용해서 구조를 해야 한다.

■ 구조수영

모든 서퍼들은 구명조끼를 착용해야 한다. 구명조끼는 부력이 강하나 구조수영을 하기에는 동작이 불편한 단점이 있다. 초보자이거나 수영 미숙자인 경우 당황하여 물을 먹을 수 있으므로 주의와 관찰이 요구된다.

구명조끼를 입었을 경우 뒤로 누워서 머리를 젖히고 양 팔을 노처럼 저으면 쉽게 앞으로 나아갈 수 있다. 슈트만 입었을 경우에는 평영으로 쉽게 물에서 이동하거나 떠 있을 수 있다. 만약 수영 미숙자라서 당황하고 있다면 안정을 취하도록 배려해 주어야 한다.

윈드서핑으로 더위 잊는 아이들

28일 오후 서울 한강 뚝섬공원에서 아이들이 윈드서핑을 배우고 있다.

한강사업본부는 한국해양소년단 서울연맹과 함께 지난 21일부터 9월까지 4개월간 서울시에 거주하는 초등학교 3학년부터 고등학교 학생을 대상으로 윈드서핑 기초과정을 무료로 배울 수 있는 기회를 제공하고 있다.

(서울=연합뉴스) 이지은 기자 2009.6.28

11) 세일 세우기

■ 바람을 등지고 중심잡기

· 보드에 올라서기

마스트가 보드의 중심에 90° 가 되도록 균형을 잡고 양 발로 힘껏 물을 차면 보드 위로 수월하게 오를 수 있다. 몸은 항상 리그(세일)가 있는 반대방향으로 서야 한다. 만약 리그와 같은 방향에 서게 되면 보드가 기울거나 마스트가 다리를 걸어 물로 떨어지게 된다.

· 세일 세우기

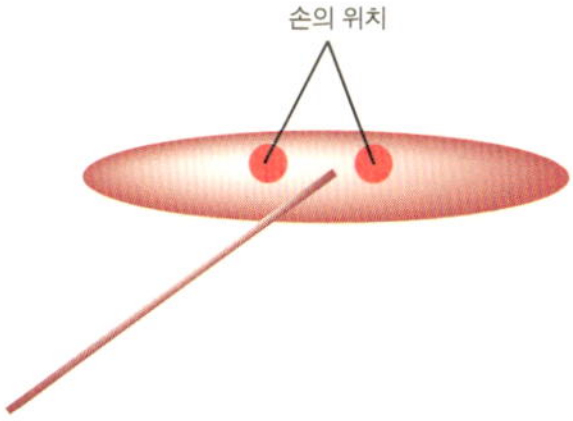

보드 위에 올라서서 업홀 라인을 잡고 체중을 이용하여 양팔을 쭉 편 채로 뒤로 누우면 세일이 서서히 올라온다. 이때 세일이 올라오는 만큼 세일과 내 몸이 "V" 자가 되도록 균형을 맞추어야 한다. 세일이 올라오는 만큼 업홀 라인을 천천히 끌어당기며 내 몸은 보드의 중심을 향해 가까이 가며 균형을 유지해야 한다.

세일을 세우게 되면, 물에서 세일이 올라오자마자 바람을 받으면서 배가 풍향과 직각 방향으로 돌아가게 된다. 업홀 라인을 잡고 세일을 일으키기 위해서는 세일을 조금 일으켜서 바람 방향을 잡고 보드와 세일이 T자로 만들어졌다고 판단이 되면 업홀 라인을 당겨 세일을 세운다.

체중을 이용해야 하며, 팔 힘과 허리 힘 만으로 들어 올리게 되면 나중에 허리가 아프게 되고 팔의 힘이 금방 빠져버리거나 아프게 된다.

세일이 물에서 떠오르면 천천히 균형을 맞추면서 끌어 올리면 된다. 마스트는 항상 보드에 직각을 이루도록 유지해야 한다. 직각이 이루어지지 않으면 좌우 어느 쪽으로든 세일이 서퍼에게 가깝게 되는데 이때 세일이 있는 쪽으로 몸이 기울게 되면 보드가 세일 무게와 서퍼 무게가 한쪽만을 누르게 되어 균형을 잃고 물속으로 넘어지게 된다. 그리고 초보자들은 붐을 빨리 잡으려고 하는 마음에 완전한 뉴트럴포지션이 되기도 전에(세일 무게가 보드 위에 완전히 실리기 전에) 붐을 잡으려고 하여 세일이 도로 물로 쓰러지는 동작을 반복하게 된다. 이 동작을 반복하다보면 많은 체력을 소모하게 된다.

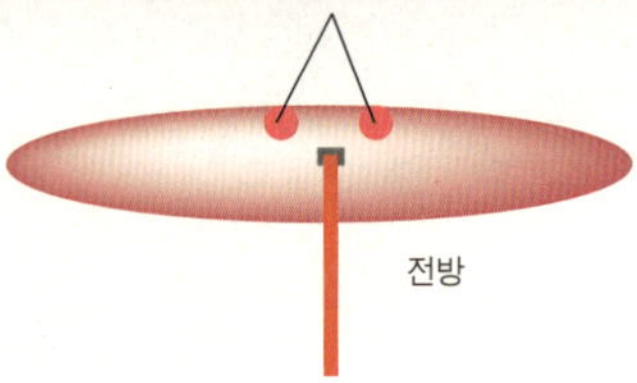

보드에 올라오면 마스트가 바우 쪽을 향하도록 하고, 붐 앤드가 보드의 테일 쪽을 향하도록 붐을 잡아야 한다. 이때 마스트 쪽 손을 마스트 손, 붐 앤드 쪽 손을 붐 손이라고 말한다. 마스트 손은 마스트에서 크게 한 뼘 정도 떨어진 위치를 잡아야 세일의 풍압 중심이 서퍼의 정중앙에 오게 된다. 이때 보드는 직진을 하게 된다.

· 뉴트럴포지션

뉴트럴포지션은 윈드서핑을 즐기기 위한 가장 기본적인 자세이다. 중립자세라고도 하며 세일이 바람을 받지 않는 풍향과 세일이 직각이 되는 가장 안정적인 자세이다. 윈드서핑의 모든 출발은 뉴트럴포지션에서 부터 시작된다.

초보자는 연습할 때 물로 떨어질 때의 부상을 방지하기 위해서 배꼽 정도의 깊이에서 연습하는 것이 바람직하나, 훈련을 하다 보면 바람에 떠내려가서 발이 닿지 않는 깊이에서도 실시하게 된다. 요령은 똑같다. 단, 계속해서 풍하로 떠밀려서 육지에서 멀어지면 위험할 수 있으므로 주의해야 한다.

· 서서히 세일 당기며 유지하기

세일이 물에서 완전히 떠오른 상태로 뉴트럴포지션을 유지하고자 한다면 업 홀 라인을 잡고 있는 것보다 마스트를 잡는 것이 훨씬 편하다. 마스트를 잡고 있다가 균형을 잃어 마스트를 놓치게 되면 재빨리 업 홀 라인을 잡아서 다시 중립자세를 유지한다.

· 스탠스

· 세일이 바로 설 때 중심잡기

뉴트럴포지션에서는 발의 위치가 대단히 중요하다. 세일 방향에 따라 재빠르게 발을 움직여 무게 평형을 유지해야 한다.

· 세일이 풍상에 있을 경우

세일이 풍상에 있을 경우에는 세일이 세워지면서 바람을 받자마자 윈드서퍼를 덥치게 되므로 재빠르게 몸을 움직여 세일을 피해야 한다.

· 지상훈련

바다에 들어가기 전 육상에서 지상훈련을 하는 것은 대단히 중요하다. 충분한 훈련은 바다에서의 고생을 덜어준다.

· 발의 이동

중립자세에서 출발을 위해 붐을 잡을 때에는 동시에 발의 이동이 같이 진행된다. 사진과 같이 세일을 일으킬 때는 조인트를 가운데로 하고 양쪽에 발이 있으나 출발을 하면 진행방향 쪽 발이 뒤로 움직여 조인트 옆에 나란히 놓는다.

· 손의 이동

중립자세에서 출발을 할 때 마스트손은 마스트에서 20cm 정도 떨어진 지점에 놓고 붐손은 어깨 넓이로 놓는다. 시선은 전방 먼 곳에 고정을 시켜 방향 설정의 기준을 삼는다.

■ 뉴트럴포지션에서 출발하기

· 뉴트럴포지션 만들기

다리를 어깨넓이로 벌린 후 업 홀 라인을 잡고 서서히 체중을 이용하여 뒤로 누우며 세일을 들어 올린다.

업 홀 라인을 길게 잡고 발을 중심에 고정시킨 후 체중을 이용해서 서서히 뒤로 눕는다.

· 스텝 옮기면서 붐 잡기

· 출발하기, 바람잡기(자세)

· 출발이 안 되는 경우

바람 방향을 잡지 못했거나 갑자기 바람을 많이 받았을 때는 붐 손을 놓아주어 바람을 흘려보내며 중립자세를 유지한다. 바람이 셀 경우 붐 손을 놓지 않으면 결국 양손을 다 놓치게 되어 세일을 전부 놓치게 되고, 결국 다시 일으켜야 된다.

· 엉덩이가 뒤로 빠져서 씨름하고 있는 경우

세일을 들어 올릴 때 체중을 이용하지 못하면 체력 소모가 많아 진다.

무릎을 구부리고 팔로 당기는 잘못된 자세

· 마스트 쪽 발의 중요성

초보자들은 뉴트럴포지션에서 출발을 한 후 마스트 쪽 발을 마스트 옆으로 (뒤로) 이동하지 못하는 실수를 많이 한다. 출발이라는 동작은 손이 붐을 잡는 것과 동시에 마스트 쪽 발이 뒤로 이동하면서 마스트 옆에 바짝 붙어 앞을 보게 되는 동시동작을 의미한다.

만약 발이 이동하지 못하고 그 자리에 있게 되면 풍압중심이 배 앞 쪽으로 위치하게 돼서 점차 뱃머리(바우)가 풍하로 향하게 된다. 이러다가 엉덩이가 뒤로 빠지게 되고 힘을 못 쓰게 되어 세일을 놓치게 된다.

또한 이러고 버티게 되면 배가 풍상 풍하 방향과 수평이 되어 세일에 바람을 못 받게 된다. 바람이 세일을 밀지 않는데도 서퍼는 계속해서 세일(붐)을 당기게 됨으로 잠시 후에 서퍼는 뒤로 세일을 당기며 물에 빠지게 된다. 이때 세일을 밀면서 넘어져야 다시 보드에 올랐을 때 세일을 보드 반대로 넘기는 수고를 안하게 되는데 초보자들은 대부분 물에 빠지기 전까지 붐을 잡고 있어 자신이 물에 빠진 위로 세일이 덮치게 된다.

발의 위치가 잘못되면 보드가 기울어져 물에 빠지게 된다.

· 반복 훈련을 하자

- 빠지고 빠지고 또 빠지고, 그래도 올라가자

12) 방향전환

윈드서핑에는 방향키가 없다. 세일을 좌우로 움직일 때 보드는 반대로 진행하게 된다. 중립자세에서 업 홀 라인이나 마스트를 잡고 세일을 좌우로 조금만 움직여 보면 보드가 세일에 바람을 받으며 회전하는 것을 느낄 수 있다. 뉴트럴포지션에서의 발은 세일과 항상 90° 가 되어야 한다. 세일이 회전하여 자신에게 오면 재빠르게 발을 움직여 도망가면서 90° 각을 유지해야 한다.

■ 풍상(바람이 불어오는 쪽)으로 방향전환

세일링을 하면서 풍상 쪽에 멀리 있는 목표물을 정한다. 그 방향을 향해서 세일링을 하면서 세일을 좌우로 움직여 본다. 이때 시선은 멀리 보아야 하며,

세일이 지속적으로 바람을 받는지를 살펴야 한다. 세일이 바람을 받고 있는지를 자주 확인하면서 세일링을 한다. 자연에서는 주변의 산, 건물 등에 의해 바람방향이 바뀌는 일이 매우 많다. 그러므로 처음에 잡은 바람방향이 계속 유지될 것이라는 생각은 절대 하지 말아야 한다.

· 윈드서핑의 진행방향

진로변경 이론

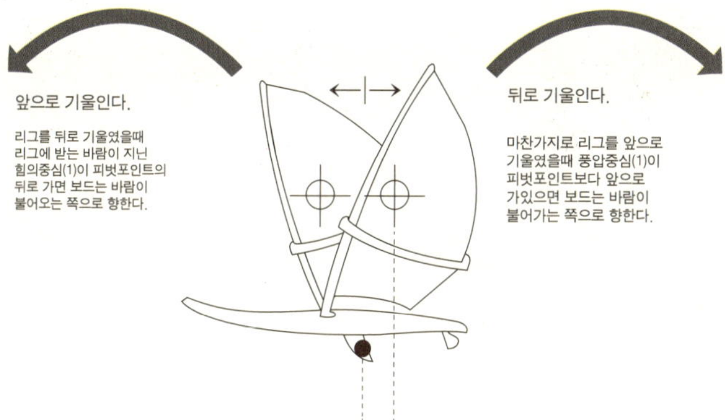

· 붐을 잡고 세일을 앞뒤로 조정해서 방향을 바꾼다.

a. 세일을 풍상 쪽(바우)으로 기울여주면 뱃머리가 바람에 밀려 바우가 풍하 쪽으로 휙 돌아간다. 방향전환, 자이빙의 시작단계에 해당한다.

b. 세일을 풍하 쪽(테일)으로 기울여주면 뱃머리가 풍상 쪽으로 돌아가면서, 방향전환, 택킹의 첫 단계가 된다. 위 두가지 원리를 가지고 방향전환을 하게 되는데, 이것이 바로 윈드서핑의 묘미가 된다.

c. 방향전환 중에 중심을 잃거나 불안한 자세가 되면 다시 뉴트럴포지션 상태로 만들어서 재출발을 하면 된다.

d. 혹시라도 바람이 세거나 버틸 수 없는 상태가 되었다면 마스트 손은 붙잡고 있고 붐 손을 놓아주면서 세일을 열어 바람을 흘려보내면 세일을 놓치지 않고 바로 중심상태로 돌아가게 되어 곧 바로 다시 출발할 수 있다.

■ 윈드서핑의 진행 방향

하네스를 이용하여 진행하고 있는 올바른 자세

· **빔 리치** : 빔 리치(윈드어빔)는 가장 기본적인 세일링 방법으로 바람이 불어오는 방향과 직각으로 진행하는 것을 말한다. 뉴트럴포지션에서 붐을 잡아서 그대로 진행하면 빔 리치로 진행하게 된다.

· **브로드 리치** : 브로드 리치(쿼터 리)는 세일링 중 속도가 가장 빠르다. 세일에 받는 바람이 모두 전진하는 힘으로 사용되어 전진속도가 커진다. 빔 리치에서 풍하방향으로 45도 아래쪽으로 진행하는 것을 말하며, 비치 스타트에서는 브로드 리치가 가장 효과적인 방향이 된다.

· **클로즈홀드** : 풍상으로 세일링 하는 것을 말하며, 목표지점으로 향하기 위해서 택킹으로 방향전환을 실시하게 된다.

· **러닝** : 바람이 정 후면에서 불어오는 상태의 세일링을 말하며, 진행하기가 힘들고, 러닝에서 자이빙을 하는 기술은 매우 까다롭다.

· **태킹** : 초보자들이 태킹을 하는 것은 쉽지가 않다. 파도와 바람이 있는 상태에서 세일을 조정하기란 쉽지가 않다. 그래서 주로 초보자들이 업 홀 라인을 이용해서 로프 택킹을 실시하게 되는데 요령을 세일링 도중(크로스홀드) 중립자세를 만들고 업 홀 라인을 이용하여 세일을 풍상 쪽으로 당겨 배가 돌아가도록 만드는 것이다.

로프택킹이 익숙해지면 아래 그림과 같이 직접 빠르게 택킹하는 방법을 반복해서 연습한다. 바람이 세거나 파도가 있거나, 돌풍이 불면 이것이 쉽지 않다. 반복훈련만이 물에서 고생을 안하게 된다.

①
②
③
④
⑤
⑥
⑦
⑧

· **자이빙** : 자이빙도 태킹과 같은 요령으로 세일을 풍상 쪽으로 이동시키면 보드의 방향이 자연스럽게 풍하 쪽으로 흐르게 된다. 이때 계속해서 중심을 잡고 세일을 당겨주면 완벽한 러닝을 하다가 세일을 돌리면서 자이빙하여 방향전환을 하며 반대쪽 붐을 잡고 다시 빔 리치를 하면 쉽게 서핑을 즐길 수가 있다.

초보자의 경우 자이빙이 중심잡기가 어려운데 빔리치-브로드리치-자이빙의 순서로 이해하면 되겠다. 자이빙이 되면서 마스트쪽 발의 위치가 뒤로 빠지면서 나란히 되는 모습이 되어야 한다. 윈드서핑은 발의 위치가 매우 중요하다.

①
②
③
④
⑤
⑥
⑦
⑧
KOR211

13) 데드존(dead zone)

· 데드존

바람이 불어오는 쪽(풍상)으로 좌우 약 45도는 세일이 깃발처럼 펄럭일 뿐 전진을 할 수가 없다. 선수급의 실력을 갖추면 풍상 30도 까지도 세일링이 가능하다고도 말하지만 쉬운 기술은 아니다.

초보자들은 자신의 세일 상태를 항상 주의하면서 세일이 바람을 잡지 못하고 펄럭이면 얼른 세일을 풍하방향(배 앞쪽으로)으로 밀어서 바람을 받도록 해야한다.

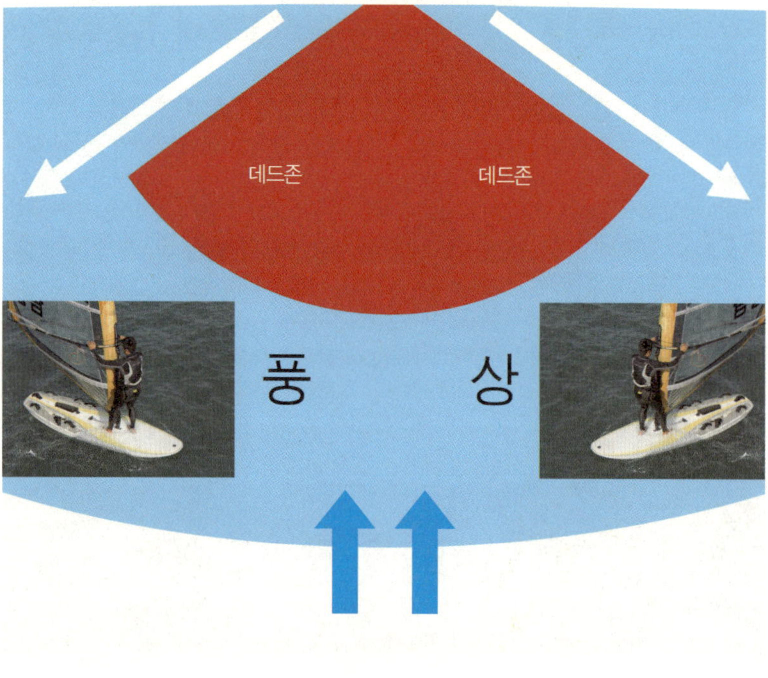

14) 론칭

· 론칭 장소

세팅이 끝나면 장비를 물 위로 운반하여야 한다. 장비를 나르는 방법은 초보자일수록 보드와 리그를 분리하여 나르는 방법이 안전하다. 세일링이 숙달되면 보드와 세일을 조립한 채로 장비를 운반하며 곧바로 비치스타트하여 세일링을 하게 된다.

세일을 운반할 때에는 풍상 쪽에 마스트가 오도록 들어야 한다. 이것은 바람이 마스트를 타고 세일 밑으로 들어오면서 세일을 들어 올려 연날리기와 같은 효과를 얻을 수 있기 때문이다. 이렇게 해서 가벼워진 세일은 운반과 조정이 쉬워진다.

파도가 없는 비교적 잔잔한 무릎 정도의 깊이로 장비를 운반한다. 보드를 먼저 운반하면 세일이 떠내려가거나 파손되므로 세일을 먼저 운반하며 보드는 나중에 나른다.

· 보드의 운반

대거보드가 접혀 있는지 스케그가 있는지 확인한다.

보드를 무릎으로 받쳐 기울인 후 조인트를 잡고 보드의 밑 부분을 살펴본다.

· 동시에 운반

세일링이 숙달될수록 론칭에 시간이 적게 들게 된다.

세팅의 처음부터 풍향을 고려한 후 물가에서 보드와 리그를 조립한다.

이때 바우 쪽을 바다를 향하게 놓는다.

리그를 완벽하게 조립한 후 보드와 결합한다.

한 손으로는 마스트를 들어올리고 다른 손으로는 보드의 꼬리 부분을 든다.

그대로 밀면서 걸어가면 보드의 머리 부분부터 물에 들어간다.

무릎 정도의 깊이가 되면 비치스타트를 할 수 있다.

15) 비칭(Beaching)

세일링을 끝내고 육지로 돌아와서 보드를 육지에 올려놓는 것을 비칭(Beaching)이라고 한다. 초보자는 육지에 가까워지면(수심 70cm 정도) 스피드를 줄이고 대거보드를 접고 기다렸다가 스케그가 바닥에 닿지 않는 위치에서 보드에서 내린다. 마스트 손으로는 마스트를 잡고 붐 손으로는 풋 스트랩을 잡는다. 재빠르게 뱃 머리를 바다를 향해서 돌리지 않으면 파도에 맞아 부상 위험이 있으며 운반이 어려워진다. 곧바로 보드와 리그를 분리한다. 보드가 떠내려가거나 파손되면 뒤집어 놓고 리그 먼저 옮긴다.

물가에 오면 일단 뉴트럴포지션으로 돌아가 업 홀 라인을 사용하여 리그를 천천히 물 속으로 내린다. 이때 속도를 줄이지 않고 리그를 내리면 관성의 법칙에 의해 몸이 앞으로 날아가 다칠 위험이 있으니 충분히 속도를 줄이고 균형을 잡으려고 상체를 너무 앞으로 내밀지 않도록 한다. 등은 곧게 편다.

센터라인 위에서 중심을 잡은 채 보드 위에 떠 있다가 조심스럽게 보드에서 내린다. 바닥이 보이지 않는 곳에서 너무 세게 뛰어내리면 발을 다칠 위험이 있으니 되도록 살짝 내린다.

16) 윈드서핑의 고급기술

· 비치스타트(런칭,Launching)

해변에서 서핑을 바로 타고 나가는 방법을 비치스타트라고 한다. 브로드리치 방향으로 파도를 피하면서 스케그가 닿지 않는 깊이에 들어가면 재빨리 보드 위로 올라 붐을 잡는다. 세일에 바람만 들어가면 비치스타트가 훨씬 쉽다.

· 하네스라인 사용하기

바람이 세거나 장시간 윈드서핑을 즐기려면 하네스라인을 사용해야 한다. 하네스라인은 윈드서핑을 즐길 때 체력소모를 최소화해 준다. 체중을 이용하여 세일을 잡고 있는 것으로 붐을 잡은 손으로 방향만 조절하면 서핑을 매우 즐겁게 즐길 수 있게 된다.

- 하네스 라인의 세팅 : 하네스라인은 붐의 손 잡는 위치에 장착을 한다. 자신의 키를 고려하여 고리를 걸기 편하도록 맞추어놓고 바다로 나아간다.

· 안전한 윈드서핑을 위해

- 일기예보에 항상 귀 기울인다.
- 동반자와 함께 즐기도록 한다.
- 위급한 상황이 발생되면 즉시 주변에 도움을 요청한다.
- 자신이 이기기 어려운 바람에서는 윈드서핑을 하지 않는다.
- 바람, 조류, 물때를 확인한다.
- 음주 후에는 윈드서핑을 하지 않는다.
- 주변에 수상스키나 모터보트 등이 있다면 항상 긴장해야 한다. 드라이버가 당신을 못보고 돌진해 올 수도 있다.

· 바람이 강할 때의 테크닉 : 워터스타트

바람이 강할 때는 물 속에서 워터스타트로 일어날 수가 있다. 이 기술은 다시 보드 위로 올라가서 업 홀 라인을 끌어 올리는 수고를 덜어준다. 물 속에서 세일을 기울여 바람을 받게 되면 세일이 연처럼 날리면서 물 속의 사람이 달려 올라오게 된다. 매우 효과적인 스타트 방법이 된다.

· 바람이 전혀 없을 때의 테크닉 : 펌핑

바람이 전혀 없는 날은 윈드서핑을 즐기기가 매우 어렵다. 또는 일몰이 시작되면 바람이 잠잠해져서 못 돌아오는 경우가 발생한다. 이럴 때 펌핑은 매우 중요한 기술이 된다. 바람이 없으므로 바람을 만들어서 전진을 해야 하는 것이다. 부채질과 같은 원리이므로 평소에도 펌핑을 연습해 두는 것이 좋다.

· 숏보드 세일링

파도를 이용해서 뛰어 오를 수 있도록 제작된 보드가 숏보드이다. 부력이 작아 바람을 받아야만 보드가 수상스키처럼 떠오르게 되지만 파도가 높고, 강풍일 때는 작은 세일을 달고 세일링을 해야 한다.

우리나라에서는 쉽게 접할 수가 없는데 바람이 좋으면서 파도가 높은 경우는 거의 주의보가 내려지기 때문에 해양경찰들이 해양레저스포츠를 제한하게 된다.

그러나 외국에서는 이미 많은 서퍼들이 이 숏(펀)보드를 이용해서 바다에서 뛰어오르거나 회전 하는 등의 멋진 기술을 선 보이고 있다.

17) 장비의 보관과 손질

세일링을 즐기다보면 장비가 파손되어 스스로 수리를 해야 하는 경우가 많다. 특히 거의 모든 제품이 수입품이어서 조그만 수리는 서퍼 스스로 하는 것이 여러모로 사정상 맞다. 조금만 관리를 잘못해도 고가의 장비가 망가지게 된다. 그러므로 초보자일수록 특히 장비관리에 긴장을 해야 한다.

보드의 경우는 경화제를 적당량 섞어 때우고 표면을 다듬도록 하고, 필름세일인 경우에는 쉽게 파손되므로 특별히 더 주의를 해야 한다. 특히 날씨가 추우면 탄력이 약해져서 세일이 잘 터지게 된다. 세일의 수리는 투명테이프를 이용해서 수리하면 된다. 붐이나 마스트는 충격에 주의를 하고 장비는 항상 민물로 세척을 해 둔다. 바닷물에 부식이 되거나 소금기가 남아 있으면 탈부착에 장애가 있어날 수 있다.

· 장비의 손질

윈드서핑 장비는 사용하고 난 후 바로바로 세척을 할 필요가 있다. 특히 모든 것을 부식시켜버리는 바닷물을 잘 세척해 주어야 하며, 부품 사이에 끼어있는 모래가 굳어서 고착되면 나중에 부품 교체할 때 빠지질 않아서 상당히 고생하게 된다.

18) 용어설명

· **뉴트럴포지션**(Neutral Position) : 세일링을 시작하는 처음 자세로 중립자세라고도 한다. 바람 방향과 보드, 세일과 보드가 직각이 되는 안정된 자세로 정지된 상태를 말한다

· **다운 홀 라인**(Down Haul Line) : 세일을 마스트 아래로 당겨 세일을 세로 방향으로 펴 주며 마스트를 조인트에 고정시키기 위한 라인

· **대거 보드**(Dagger board) : 보드의 중앙에 꽂는 커다란 판. 상하로 움직이며 보드가 바람에 의해 수면에서 옆으로 흐르는 것을 막아 준다

· **데드 존**(Dead Zone) : 풍상 방향 양쪽 45도는 세일에 바람을 받을 수가 없어 보드가 나아갈 수 없는데 이 구역을 말한다

· **라이프 자켓**(Life Jacket) : 물 속에서 부력이 생기는 구명조끼

· **랜딩**(Landing) : 세일링을 마치고 보드를 육지로 올리는 것

· **러닝**(Running) : 바람을 등지고 풍하 쪽을 향하여 세일링하는 것

· **런칭**(Launching) : 보드를 물에 띄우려고 물로 이동시키는 것

· **리그**(Rig) : 보드를 추진시키는 세일, 붐, 마스트, 배튼 등의 총칭

· **마스트**(Mast) : 돛대

· **마스트 손**(Mast Hand) : 붐을 잡았을 때, 마스트에서 가까운 쪽의 손

· **마스트 슬리브**(Mast sleeve) : 세일의 윗부분에 있는 마스트를 꽂는 주머니

· **마스트 트랙**(Mast track) : 보드 위에서 유니버셜조인트를 꽂아 움직이는 레일. 체중이나 바람의 세기에 따라 이동시켜 사용한다

· **마스트 풋**(Mast Foot) : 마스트의 아래 부분을 받쳐주는 부품으로 세일 크기에 따라 마스트 길이를 조절해 준다

· **바우**(Bow) : 뱃머리

· **바우 아이**(Bow eye) : 보드 앞부분에 있는 구멍(구조용 고리)

· **배튼**(Batten) : 세일의 너풀거림을 방지하고 곧게 펴주기 위해 끼우는 수직 막대기

· **베어링**(Bearing) : 풍하로 방향을 바꾸는 것

· **보드**(Board) : 헐(Hull)이라고도 하며 부력이 있어 리그부분을 지탱하며 물에 뜨는 역할을 한다

· **붐**(Boom) : 세일을 지탱하고 리그를 조절하는데 사용, 자동차의 핸들, 조종간

· **붐 손**(boom han) : 붐을 잡았을 때 마스트에서 먼 쪽에 있는 손

· **붐 엔드**(Boom End) : 붐의 끝부분

· **붐 조**(Boom jaw) : 붐의 앞 끝으로 마스트와 연결되는 부분. 예전에는 이것을 끈으로 연결하였으나 요즘 장비는 버클식으로 간편하게 되어 있다

· **비칭**(Beaching) : 세일링을 끝내고 육지로 돌아와 보드를 육지에 올려놓는 것

· **빔 리치**(Beam Reach) : 바람에 대하여 90도로 세일링하는 방법

· **사이드 쇼어**(Side Shore) : 해변을 따라 옆으로 부는 바람.

· **세이프티 라인**(Safety line) : 리그의 조인트 부분과 보드의 마스트트랙 부분을 연결하여 세일링 도중에 보드와 리그가 분리되는 위험으로부터 보호해주

는 라인

· **세일 손**(Sail Hand) : 붐을 잡았을 때, 세일에 바람을 넣었다 뺐다 하는 마스트에서 먼 쪽의 손

· **세일**(sail) : 돛

· **스케그**(skeg) : 핀(Fin)이라고 함. 보드 뒤 밑 부분에 장착된 부품으로 상어의 등지느러미처럼 직진을 위해 필요한 장치

· **스턴**(Stern) : 보드의 뒷부분

· **슬리브**(Sleeve) : 세일에서 마스트를 끼우는 부분

· **시버링**(Shivering) : 세일을 일으켰을 때 세일이 바람에 날리는 상태.

· **아웃 홀 라인**(Out Haul Line) : 세일과 붐 엔드를 고정하기 위한 줄. 아웃 홀 라인을 사용하여 세일이 팽팽하도록 정도를 조절한다.

· **업 홀 라인**(Up Haul Line) : 붐의 손잡이에 달려 있는 세일을 들어 올리는 굵은 로프

· **오프 쇼어 윈드**(Off Shore Wind) : 육지에서 바다로 부는 바람. 육풍

· **온 쇼어 윈드**(On Shore Wind) : 바다에서 육지로 부는 바람. 해풍

· **워터 스타트**(Water Start) : 물 속에서 세일을 들어 올려 바람을 받아 출발하는 방법

· **웨트 슈트**(Wet Suit) : 세일러들의 보온, 방풍을 위한 세일링 복장

· **윈드 어빔**(Wind abeam) : 바람이 보드의 센터라인에 대해 90도로 불고 있을 때의 세일링 포인트, 빔 리치(Beam reach)라고도 함.

· **유니버셜 조인트**(Universal joint) : 보드와 리그의 접속 부품. 마스트 베이스와 조인트 베이스로 이루어진다.

· **인 홀 라인**(Inhaul line) : 붐을 마스트에 달기 위해 사용하는 줄. 요즘은 붐조의 발달로 인홀라인이 없는 제품이 대부분이다.

· **자이빙**(Gybing) : 스피드를 떨어트리지 않고, 바우를 풍하 방향으로 방향 전환하는 기술

· **쿼터 리**(Quarter Lee) : 비스듬히 뒤로부터 바람을 받고 풍하 쪽으로 달리는 세일링

· **크로즈 리치**(Close Reach) : 크로즈 홀드와 빔 리치의 중간 코스를 달리는 세일링

· **크로즈 홀드**(Close Hauled) : 풍상 쪽을 향해서 세일링 하는 기술

· **클리트**(Cleat) : 가느다란 밧줄을 쉽게 잡아두는 밧줄걸이.

· **태킹**(Tacking) : 바우를 풍상으로 향하게 하여 빠르게 방향 전환하는 방법.

· **테일**(Tail) : 보드의 후단부. 선미

· **패들링**(Paddling) : 바람이 없거나 위험할 경우 보드 위에 엎드려 균형을 잡으면서 손으로 물을 저어 진행하는 방법

· **풋 스트랩**(Footstrap) : 강풍일 때 발을 보드에 고정시키는 위해 사용하는 발걸이

· **하네스**(Harness) : 강풍일 때 체력손실을 줄이고자 체중을 이용해서 붐을 당길 수 있도록 하체에 차는 도구

· **하네스 라인**(Harness) : 하네스를 걸기 위해 붐에 조립한 라인으로 여기에 하네스 고리를 건다.

세계윈드서핑대회 내달 5일 울산 진하앞바다서
전년도 우승자 안톤 알뷰(남), 카린 자기(여) 2012.04.20

세계 정상급 윈드서퍼들이 내달 5일 울산 울주군 진하앞바다에서 시원한 바다바람을 이용해 레이스를 펼친다.

'2012.울산진하 PWA 세계윈드서핑대회'가 내달 5일부터 13일까지 9일간 울산 울주군 서생면 진하해수욕장 앞바다에서 펼쳐진다. 지난해 슬라럼(Slalom)63 남자부 우승한 프랑스의 안톤 알뷰(Antoine Albeau)와 스위스 비요른 던컨벡(Bjorn Dunkerbeck) 선수가 참가한다. 또 여자부 우승을 차지한 스위스의 카린 자기(Karin Jaggi · 39)와 미녀 선수인 프랑스 앨리스 알트킨(Alice Arutkin · 19)도 참여한다.

한국 대표선수로는 권오한(울산시체육회 · 25), 임윤희 선수 등 모두 5명이 출전한다. 올해 '2012.울산진하 PWA 세계윈드서핑대회'에서는 윈드서핑계의 전설이라 불리는 스위스의 비요른 던컨벡과 전년도 우승자인 안톤 알뷰 선수 간에 한치 앞을 볼 수 없는 박빙 승부가 펼치질 예정이다.

2010년 여자부 세계 랭킹 1위자인 프랑스의 발레리 가바우도 선수가 참가할 경우, 전년도 우승을 차지한 스위스의 카린 자기 선수와 한판 승부가 가려질 예정이다. 세계 정상급 프로 윈드서퍼들이 참가하는 '2012 울산컵 PWA 진하 세계윈드서핑대회'에 보다 많은 관객이 참여할 수 있도록 '진하바다 전국사진촬영대회'와 '진하 어린이 그림그리기 대회'가 열릴 예정이다.

'슬라럼(Slalom) 63'경기는 프로 선수들이 참가하는 PWA 공식 종목으로 6장의 쎄일과 보드 3장으로 바람세기에 따라 각각 선수들이 장비를 선택해 스타트 라인에서 출발, 바다위 지정된 마크 4개를 돌아 피니시 라인에 달려오는 순위 경기다. [KP통신 - KP News Agency]

2. 요트(yacht)

바람을 추진력으로 바다를 달릴 수 있도록 고안된 요트는 고대 돛단배에서부터 시작되었다.

시대가 발전하면서 고도의 기술을 요하는 커다란 동력 요트들이 개발되었고, 장거리 여행이 가능해지면서 상류층에게 인기가 있어왔다. 그뒤 내연기관들이 개발되면서 최신의 기술을 장착한 수십 억원대의 큰 요트들이 제작되어 오늘날에는 요트를 보유하는 것이 부의 상징으로 여겨지고 있다.

우리나라에는 1986년 아시안게임과 1988년 서울올림픽 대회를 계기로 부산 수영만에 요트경기장이 들어서고, 시민무료체험교실을 운영하면서 많은 홍보가 되었고, 1985년 제66회 전국체육대회에서 정식 경기종목으로 채택되면서, 경기력 향상이 이루어졌다.

현재는 부산 · 여수 뿐만 아니라 전국에 요트 계류장인 45개의 마리나 시설을 건설 중에 있고, 내륙에는 한강을 비롯하여 전국의 강과 저수지에 친수공간이 확대되면 요트산업의 미래를 밝게 해 주고 있다.

고도의 경제성장과 함께 국내의 요트 인구가 급속도로 증가하였고, 요트면허가 시험제에서 연수제로 바뀌면서 동호인 수가 수만 명에 이르고 있다.

제주도에서는 관광 상품으로 샹그릴라 요트(사진)가 떠 있으며, 김녕요트교실(사진)이 운영되고 있다. 또한 남해를 거점으로 거제, 통영 등에는 요트학교가 운영되고 있어 요트를 쉽게 배울 수도 있고 크루저를 이용한 해상투어도 맛 볼 수 있다.

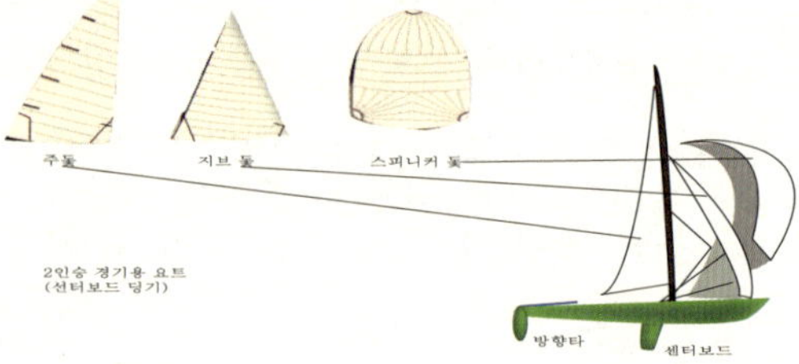

3. 카이트 서핑(Kitesurfing)

카이트서핑은 "1990년대 초 유럽과 하와이 등지에서 파도가 없는 날에도 서핑을 할 수 있는 방법이 없을까를 고심하던 중에 고안되었다. 이후 유럽 · 미국 · 남태평양 등으로 보급되었고, 한국에는 2000년부터 도입되어 동호인들을 중심으로 이용자들이 확산되고 있다. 카이트서핑은 바람만 불면 서핑을 즐길 수 있는데 패러글라이딩에서 아이디어를 얻어 서핑보드와 접목한 것이다.[1] 아직 대중화 되지는 않았으나 과거에 비해 카이트서핑을 즐기는 사람들은 많이 늘어났다.

카이트서핑의 장비는 아래 그림과 같이 카이트(연), 서핑보드, 하네스, 30m 로프로 구성된다. 카이트에 연결된 줄을 이용하며 웨이크보드를 타는 것으로 카이트가 바람을 받으면 쏜살같이 물 위를 달리게 되어 숙달되면 점프 등의 묘기를 할 수 있다.

Switch Blade	Caliber	Waist Harness	Bypass leash

1 출처:네이버백과사전. 2013.10.30 검색. http://100.naver.com.

chapter 03

엔진을 이용한 해양레저스포츠

1. 모터보트
2. 제트스키
3. 바나나보트(워터슬레이,Water Sleigh)
4. 고무보트
5. 수상스키
6. 플라이피쉬(Fly Fish)
7. 땅콩보드
8. 웨이크보드(Wake Board)
9. 패러세일링(Parasailing)

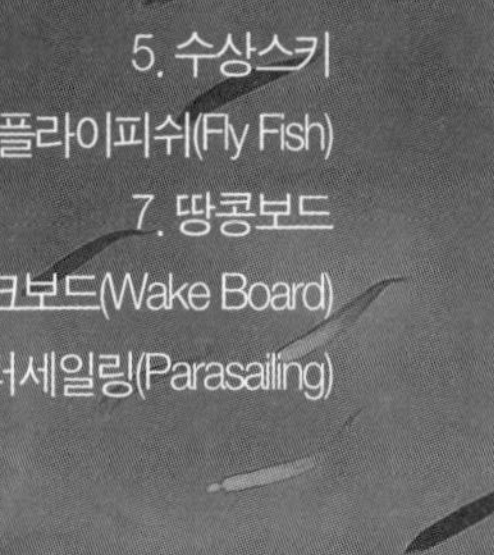

chapter 03

엔진을 이용한 해양레저스포츠

1. 모터보트(Motorboat)

모터보트는 기관의 설치방법에 따라 2가지 형태로 분류되는데, 첫째는 선내에 기관이 설치되며 선체 아래를 관통하는 구동축으로 프로펠러를 구동시키는 구조가 있고, 둘째는 선외 모터보트로 이는 모터(엔진)를 분리해서 옮길 수도 있고 고정할 수도 있다.

얕은 물에서는 모터를 올렸다 내리는 기능이 있으며, 비행선의 제트 기관과 비슷한 원리를 적용하여 물을 뒤로 분사하는 제트보트도 있다. 수십 종의 다양한 디자인과 형태를 지닌 모터보트들이 있다.

모터보트를 이용해서 바나나보트(워터슬레이드), 땅콩보트, 플라잉피쉬 등의 해양레저스포츠를 즐길 수 있으며, 조금 먼 바다로 나아가 스쿠버다이빙, 낚시, 섬 관광, 숙박, 여행 등을 할 수 있어 바다에서는 매우 유용한 교통수단이 된다.

모터보트가 대형화되면서 럭셔리한 초호화 요트, 유람선 등으로 발전되었고, 요트와 고급 모터보트의 경계가 허물어지고 있다.

우리나라에서는 동력레저조종면허증이 있어야 운전이 가능하며, 해양경찰청에서 지정하는 시험기관에서 연수를 받으면 면허를 취득할 수 있다.

그러나, 모타보트는 자동차와 같다. 절대 음주 운전을 하면 안되며, 파도가 심한 날이나 해가 진 후, 안개가 낀 날에는 운항을 삼가해야 한다.

MarineMax
VELOCITY
HARBOR
1
MARINA

2. 제트스키(Jet ski)

해양레저스포츠의 왕자라 할 수 있는 제트스키는 고속 분사형 제트엔진을 사용하는 보트이며, 1인승부터~4인승까지 있고 누구나 간단한 교육 후 사용할 수 있다. 강력한 엔진을 장착한 제트스키는 수상인명 구조용으로도 널리 이용되고 있다. 태풍이 부는 바다에도 들어 갈 수 있는 힘을 가지고 있어서 해상에서 윈드서핑이나 파도와 바람에 떠밀리는 레저 이용자들의 주요 구조선으로도 사용되고 있다.

제트스키는 모터보트와 같은 외부 프로펠러가 없어서 비교적 사용이 안전하여 무릎 정도의 수심이면 어디서든 즐길 수 있다. 1인승은 스포츠용이며 3~4인승은 수상스키, 웨이크보드, 페러세일, 땅콩보드, 바나나보트 등의 영업용 또는 레저용으로 많이 사용되고 있다. 스피드로 인한 최고의 스릴을 느낄 수 있어 스트레스 해소에 매우 좋다.

반듯이 손목에 키를 차고 운전을 해야 하며, 혹시라도 운전하다가 배에서 떨어지게 되면 핸들이 한쪽으로 기울어지기 때문에 부메랑처럼 큰 원을 그리며 다시 원위치로 되돌아온다.

모터보트에 비해 제트스키의 조작법은 매우 간단하다. 운전은 오토바이와 같은 핸들조작으로 하며, 붉은 단추를 누르면 출발하게 되고, 정지하고 싶을 땐 푸른 단추를 누르거나 붉은 단추를 한번 더 누르면 엔진이 꺼진다. 제트스키는 여러 가지 묘기를 부릴 수 있는데, 꾸준한 운전 연습으로 급회전과 점프 등의 기술을 익힐 수 있다.

3. 바나나보트(Water Sleigh)

모터보트나 제트스키에 견인줄을 연결하여 스피드를 즐길 수 있게 개발된 워터슬레이를 우리나라에서는 바나나보트라고 부른다. 제트스키를 타는 것과 같은 스피드를 즐길 수 있어 많은 해수욕객들이 체험하는 해양레저스포츠의 단골 메뉴이다.

PVC나 특수 고무 소재로 만들어진 로케트 모양의 무동력선인 바나나보트는 5인용~7인용 보트를 많이 사용하며, 마치 말을 타는 자세로 바다 위를 시속 60~70km로 달리며 흥분과 긴장감을 느끼게 한다.

우리나라에는 1990년 초에 보급이 되었으며, 많은 수상레저체험장에서 운영 중에 있다. 그러나 안전사고가 빈번히 발생되는 종목이기도 한데 사고는 탑승객들 중 누군가가 전복시 물에 안 빠지려고 버티다가 다른 사람과 부딪혀서 주로 일어나게 된다. 바나나보트 이용시에는 신발을 벗고, 물에 안 빠지려고 버티지 말고 자연스럽게 보트가 가는대로 몸을 맡기고 스피드를 즐기는 것이 가장 좋다.

만약 보트가 전복이 되어 바다에 빠졌더라도 드라이버가 바로 배를 돌려 태우러 오기 때문에, 구명조끼에 의지하며 당황하지 말고 보트를 기다렸다가 배에 다시 오르면 된다.

4. 고무보트(Rubber boat)

고무보트는 고무로 만든 배 즉, 주머니 모양의 고무에 공기를 불어넣어 물에 뜨도록 한 보트를 말한다. 수백 종의 고무보트 제품들이 있으며, 다양한 디자인과 기능이 탑재되어 있다.

고무보트를 조립할 때는 먼저 평평한 지면에 보트를 고르게 펼쳐 놓고, 격실에 따라 공기를 주입하면서 필요한 바닥재를 결합시키면 된다.

주의할 사항으로는 적정압력의 공기를 유지해야 하며, 공기를 주입시킨 후 2~3일간 방치하면 자연적인 공기의 수축과 팽창에 의해 공기압이 저하될 수 있어 튜브가 찌그러지게 된다. 적정 공기압은 210mbar~220mbar내외(편의상 엄지손가락으로 꾹 눌렀을 때 약1Cm정도 눌러지는 상태)이며, 발 펌프로 주입시 어른이 발로 눌러 주입할 수 있는 최대압력까지 사용하면 된다.

■ 주의사항

· 사용 몇시간 전에는 반듯이 공기를 충분히 넣고 새는 곳을 확인한다.
· 수심이 깊거나 급류 또는 강풍이 심한 곳은 피하는 것이 좋다.
· 어린이는 위험하므로 반드시 보호자와 함께 탑승해야 된다.
· 고무제품이므로 날카로운 물체에 매우 약하다. 요즘은 강도가 많이 질겨졌지만 그래도 주의해야 하며 화기를 가까이 하면 안된다.
· 공기주입시 최종점검은 고압펌프, 콤프레셔를 사용하지 않는다.
· 공기를 과다하게 넣으면 열팽창 등으로 파손의 원인이 되므로 전체의 90% 정도를 유지해 주는 것이 바람직하다.
· 몹시 더울 때에는 내부공기가 팽창하므로 공기량을 반드시 조절해야 한다.

※ 공기를 방 한 곳에만 계속 주입하면 격막(보트 내부에 있는 칸막이)이 손상될 수 있다.

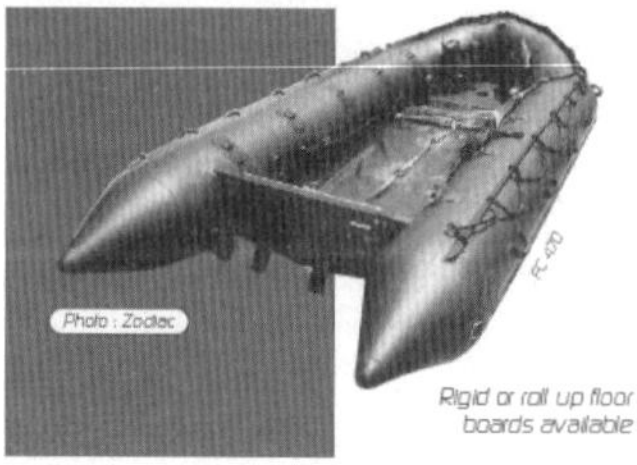

출처 : http://cafe.daum.net/sby7(2013.10.30)

■ 다양한 형태의 고무보트들

계류장에 정박해 있는 다양한 고무보트들

5. 수상스키(Water ski)

1) 수상스키란

시원한 물보라가 장관인 수상스키는 양발에 스키를 신고 모터보트에 이끌려 물 위를 활주하는 레저 스포츠로 1924년 미국에서 창안하여 유럽 각지로 보급되었다.

수상스키는 원스키, 투스키, 트릭스키, 점프스키, 맨발스키가 있다. 스키의 형태에 따라 더블스키, 슬라롬스키, 트릭스키가 있다. 어려워 보이지만 30분 정도의 기초교육을 받으면 누구나 안전하게 배울 수 있다.

2) 초보자의 수상스키 타는 요령

· 우선 물에 들어가기 전에 양발을 어깨넓이로 벌이고 가슴을 무릎에 밀착시킨다.
· 핸들을 잡고 당기는 힘에 따라 기마 자세로 서서히 일어나는 연습을 반복한다.
· 초보자는 모터보트에 달린 교육 봉을 잡고 다리를 모으고 어깨에 힘을 빼고 물 위에 뜨는 것과 몸의 균형을 잡는 연습을 반복한다.
· 로프를 잡고 수면위로 뜨게 되면 기마 자세를 유지한 채 앉았다 일어서는 동작을 반복하고 균형이 흐트러지면 자세를 낮춘다.
· 자세와 균형이 잡히면 직선 활주를 익힌 다음 양손의 힘을 이용하여 선회를 위한 방향전환을 배운다.
· 스키를 타기 전에 슈트, 구명조끼, 장갑 등을 착용한 후 물 속에서 뒤로 누운 채 스키판을 신고 부츠를 발에 맞게 조여 고정시킨다. 우선은 대여 장비로 배운 다음 체형에 맞는 장비와 원스키 등을 구입하면 된다.[1]

---

1 심창섭 외 5인.(2003, 레포츠 종목 로드맵 Book, 도서출판 홍경)

※ 꼭 지켜야 할 사항
- 장비를 사전에 철저히 점검한다.
- 운전자에게 시작 전에 항상 '부탁합니다 또는 고맙습니다' 라고 인사를 해야 한다.
- 운전자와 약속된 수신호를 사용해야 한다.
- 넘어질 때는 핸들을 놓아야 한다.
- 스키를 마치고 돌아올 때는 부두와 평행으로 주행한다.
- 일기가 나쁠 때는 수상스키를 타지 않는다.

출처:김효윤(1994). 오성출판사.

6. 플라이피쉬(Fly Fish)

모터보트나 제트스키에 로프로 연결한 가오리 모양의 고무보트로 보트에 올라타고 양손으로 고리를 잡고 매달려서 타는 신종 수상레저스포츠 종목이다. 바나나보트와 다르게 속도가 나면 고무보트가 하늘로 날아올라 신나는 놀이기구를 연상하게 한다. 짜릿한 쾌감을 느끼게 되어 한번 경험한 사람은 수상레저기구 중에 가장 스릴이 있다고들 얘기한다. 주의할 점은 고무보트의 상태나 파도, 바람, 모타보트의 속도, 내려올때의 불균형, 탑승 중 손을 놓쳐서 떨어지는 경우가 발생되어 부상을 당하는 경우도 종종 발생되고 있으므로 주의를 기울여야 한다.

보기도 좋고 스릴도 최고지만 사고가 날 경우 그만큼 충격이 크기 때문에 절대로 안전에 주의해야 한다. 수상레저기구에는 안전벨트가 없다.

7. 땅콩보드(Peanut boat)

땅콩보다는 호떡처럼 생겼다고 해야 맞을 것 같은 땅콩보드는 고무튜브로 1인승~4인승 등 다양한 종류의 제품이 출시되어 있다. 작은 고무튜브 위에 앉아 타는 거라서 모타보트가 달릴 때의 스피드를 그대로 느끼는데 특히 모타보트가 회전을 할 경우에는 원심력이 더해져서 스피드가 최고조에 달한다. 마치 옆으로 날아간다고 해야 맞는 표현인 것 같다.

앞에서 견인하는 보타보트로 인해 생긴 물결을 넘어갈때면 땅콩보트가 통통 튀게 되면서 마치 비포장 도로를 달리는 버스 뒷자리의 기분을 느끼게 된다. 최고의 스릴을 느낄 수 있으며, 바나나보트나 플라이피쉬보다 사고가 별로 없다.

레저스포츠사업장을 운영하는 측면에서는 여러명이 탑승하는 바나나보트의 운영을 선호하기 때문에 플라이피쉬나 땅콩보트의 가격이 상대적으로 비쌀 수밖에 없다. 그러나 최고의 스릴을 느낄 수 있는 것 만큼은 확실하다.

8. 웨이크보드(Wake Board)

모터보트가 만들어 내는 파도를 이용해 점프, 회전 등의 다양한 기술을 구사하는 수상스포츠인 웨이크보드는 수상스키와 다르게 묘기를 부리는 맛에 탄다.

1960년대 미국에서 서핑을 즐기던 젊은이들이 호수에서 같은 기술을 소화해내기 위해 착안, 개발 했는데, 국내에는 1995년 처음 보급되었다. 이후 신세대 감각에 맞는 스릴과 쾌감을 한껏 누릴 수 있다는 점에 의해 '수상 레포츠의 꽃'으로 불리며 동호인이 급속도로 증가하였다.[2]

웨이크보드의 장비는 스노보드와 비슷한 보드와 바인딩으로 이루어져 있다. 바인딩은 스트랩과 하이랩 2종류가 있는데, 스트랩은 발끝과 뒤꿈치만 고정시켜주는 탈착이 간편한 스트랩과 발 전체를 잡아주는 부츠형인 하이랩이 있다. 여기에 구명조끼는 필수다.

웨이크보드는 수상스키에 비해 배우기가 쉬워 30분 정도만 연습하면 균형을 잡고 물 위를 질주할 수 있다. 익숙해지면 핸들 조작으로 좌우로의 이동이나 방향회전, 보트가 만들어낸 파도를 뛰어넘는 것, 가벼운 점프와 슬라럼 등의 기술을 연습한다.

		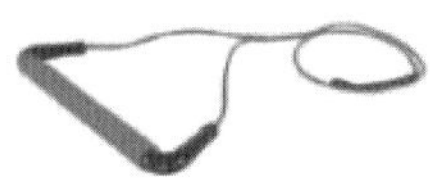
웨이크보드	슈즈	견인라인

2 [네이버 지식백과] (스포츠 백과, 2008),2013.10.30

1. 웨이크보드를 탈 때는 웨이크보드, 반바지를 준비하면 된다. 거의 모든 수상스키장에 웨이크보드를 비치하고 있어서 몸만 가면 된다.
2. 초보자들이 주의해야 할 것은 물에 겁을 먹지 말라는 것인데, 사전에 충분한 연습을 통해 물 속에서 당황하지 않도록 해야 한다. 보트가 출발하면 팔을 펴고 보트가 끄는 힘에 의해 부상(물에 떠 오르는 것)을 하면 된다.

9. 패러세일링(Parasailing)

패러세일링이란 특수 고안된 낙하산(para-Sail)을 맨 사람을 자동차나 모터 보트에 긴 줄로 연결하여 끌고 가다가 낙하산에 떠오르면 공중비행을 즐길 수 있게 한 레저스포츠이다.[3]

패러세일링은 1시간 정도의 기본 교육만 받으면 초보자도 쉽고 안전하게 스릴을 맛볼 수 있다. 맨 땅에서 즐기는 것보다는 바다에서 이용하는 것이 보다 안전한데, 우리나라에서는 경험하기가 쉽지 않으며, 미국과 동남아 등지에서 동호인 또는 관광상품으로 많이 운영되고 있다.

패러세일링의 장비로는 낙하산(Canopy), 하네스(Harness), 헬멧, 구명조끼, 줄(Tow-rope), 견인기구(자동차, 모터보트 등) 등이 필요하다.

패러세일링을 안전하게 즐기기 위해서는 넓게 트인 장소로 바닷가나 호수 등을 선택해야 한다. 주변에 장애물이 없어야 견인해 주는 차량이나 모타보트, 비행하는 사람의 안전이 확보될 수 있다.

패러세일링의 비행 방법으로는 낙하산은 땅 위에 펼쳐놓고 비행자가 착용한 하네스와 낙하산을 연결시키고 나머지 줄을 땅 위에 엉키지 않도록 지그재그로 놓으면 비행준비는 끝이다.

이륙단계에서는 보조자들이 낙하산이 펴지는 것을 도와주어야 하며, 세일러는 출발할 때 낙하산을 잡고 상승시까지 함께 뛰어 주어야 한다. 일단 상승이 되면 안정되면서 모든 것은 견인줄에 의한 드라이버에 의해 조정되며, 착륙시에는 발이 땅에 닿는 순간까지 긴장을 해야 한다.[4]

---

3 김효윤(1994). 레포츠가이드. 오성출판사.

4 김효윤. 전개서.

chapter 04

노를 이용하는 해양레저스포츠

1. 래프팅(노보트)
2. 조정(Rowing)
3. 카누(Kanu)
4. 카약
5. 드래곤보트(용선)

chapter 04

노를 이용하는 해양레저스포츠

1. 래프팅(Rafting)

1) 래프팅의 정의

원래 래프팅이란 나무로 엮은 뗏목을 타는 것을 뜻하는 말로 여럿이 함께 PVC나 고무로 만든 배를 타고 노를 저으며 골짜기와 강의 급류를 타는 레저스포츠를 가리킨다.[1] 오랜 옛날부터 원시인들은 뗏목을 타고 강을 왕래할 수 있었다. 처음에는 나무로 만들어졌던 래프팅 보트는 2차 대전 이후 남은 군용 보트를 활용하면서부터 고무보트로 바뀌었다.[2]

1 김호윤(1994). 레포츠가이드. 오성출판사. p.107.

2 심창섭 외5(2003). 레포츠 종목 로드맵. p.130. 도서출판 홍견.

래프팅은 그 후 스릴과 재미를 찾는 사람들에 의해 보다 안전하고 다루기 쉬운 장비로 개량되어 오늘날과 같은 형태의 보트로 발전하였다.

래프팅은 급류가 있는 곳이면 어디서나 스피드와 모험을 즐길 수 있고, 온몸의 힘을 모아 물살을 저어야 하기 때문에 전신지구력을 통한 운동의 효과가 크다. 팀원 간에 협동심을 기를 수가 있으며, 자연과 더불어 즐길 수 있으므로 건강에 매우 좋다.

현재 래프팅은 대중 레포츠로 자리를 잡고 있으며, 미국, 호주 ,일본 등의 산이 많고 급류 계곡이 많은 나라들은 대부분 래프팅을 인기 관광상품으로 운영하고 있으며 그 중에서도 미국의 그랜드캐년이나 대만의 슈구란 계곡이 유명하다.

우리나라에서는 1970년대 초 미군용 고무보트가 보급되면서 일반에 처음 소개되었다. 그러다가 1981년 7월 한국 탐험협회 회원들이 고무보트로 낙동강을 종단하면서 관심을 끌기 시작하였다. 그러나 장비 부족과 적절한 코스가 개발되지 않아 1980년대에는 개인적으로 즐기는 동호인들만이 약간 있었을 뿐 초보 단계에 머물러 있었다.[3]

1990년대에 들어오면서 전문 동호인 클럽과 레저 전문업체들에 의해 각종 행사와 이벤트성 체험으로 래프팅을 즐기려는 사람들이 폭발적으로 증가 하였으며, 주로 한탄강 상류, 조양강과 동강, 내린천, 영월 서강, 홍천강 이외에 진부령 계곡, 백담사 계곡 등에 수많은 업체들이 래프팅을 운영하고 있으며, 계속하여 새로운 코스가 개발되고 있다.[4]

3 심창섭. 전개서.

4 김효윤. 전개서.

2) 래프팅 장비

(1) 래프팅보트

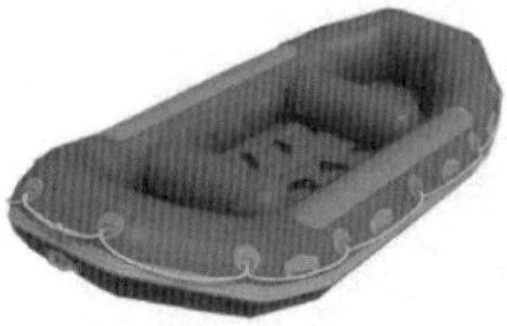

9인용과 11인용 등이 있으며, 폴리에스테르 섬유가 들어있어 PVC 원단보다 고급스럽고 고강도인 다양한 제품들이 판매되고 있다.

(2) 패들(paddle)

고급 알루미늄 재질의 패들이 쓰기에도 가볍고 가장 적당한다.

부위에 따라 그립(grip), 샤프트(shaft), 블레이드(blade)로 나뉘며, 팀원이 다같이 그립과 샤프트를 깊이 잡고 블레이드로 물을 힘껏 잡아 뒤로 보낼 때 배는 앞으로 진행한다.

3) 각 강별 래프팅의 특징

(1) 한탄강

사방에서 물보라가 튀어오르고, 거친 물살에 방향을 잃은 배가 금방이라도 뒤집어질 듯하지만, 급류가 만들어 낸 스릴에 짜릿함은 배가 된다. 옷은 흠뻑 젖고 물도 실컷 먹지만 이 또한 래프팅의 묘미이다. 물살이 잦아지면, 기암괴석 등 강물이 굽이쳐 빚어낸 천혜의 비경이 눈앞에 펼쳐진다.[5]

5 http://news.sbs.co.kr/section_news(2013.10.30)

우리나라 래프팅의 시발지이며, 서울에서 가까워 많은 사람들이 찾는 코스이다. 계곡의 길이가 20km에 달하는 한탄강은 주변 경관이 빼어나 많은 관광객들이 몰리는 곳이다.

특히 한탄강은 래프팅 외에도 서바이벌, 바이크, 번지점프 등 다양한 레포츠를 즐길 수 있어 매년 찾는 이들이 크게 증가하는 추세이다. 최근에는 캠핑족의 등장으로 캠핑과 래프팅을 즐기는 직장인들이나 대학생들, 동호회 등이 많이 증가하였으며, 각종 모임뿐만 아니라 이색적인 데이트장소로도 인기를 끌고 있다.

(2) 내린천

내린천은 우리나라 래프팅의 맹주로, 수량의 변화가 심하고 급류가 있어 다양한 모험을 즐길 수 있는 코스로 가족단위 관광객과 동호인, 직장인 등 래프팅을 즐기려는 마니아들로 넘쳐나고 있다. 주중에는 하루 평균 7,000~8,000명, 주말에는 1만3000여 명이 찾는 가운데 여름휴가와 방학 기간에 서울 등 전국 각지에서 40만 명 이상이 래프팅을 즐기는 것으로 추산하고 있다.

내린천의 래프팅은 급류를 타면서 몸싸움, 바이킹, 노래 부르기, 수영, 보트 뒤집기, 다이빙 게임 등을 진행해 보트타기의 즐거움을 더하고 있다. 내린천의 래프팅 코스는 평상시 6km의 원대교~밤골 사이 3시간 코스가 적당하며 50㎜ 이상의 비가 온 경우에는 10km의 하추리~밤골 사이 3시간 코스로 급류타기가 가장 적당하다.[6]

강수량에 따라 수량의 변화가 심해 래프팅이 중단되는 경우도 종종 발생하며, 수량이 많을 경우 인명사고가 나기도 하여 주의가 필요하다.

---

6 http://www.newsis.com(2013.10.30)

(3) 영월 동강

영월 동강은 수려한 자연경관과 완만한 경사로 남녀노소 등이 함께 즐길 수 있는 코스가 많아 인기를 끌고 있다. 동강의 제일절경인 어라연(魚羅淵)은 래프팅으로만 볼 수 있는 비경으로 만약 동강 래프팅을 경험한다면 반듯이 감상해야할 코스이다. 연중 수량이 풍부하고 강폭이 넓어 겨울철만 제외하고 연중 래프팅을 즐길 수 있는 코스이다.

스릴과 스피드를 만끽할 수 있는 래프팅은 최소 6명에서 12명이 한 조가 되어 강과 계곡의 물줄기를 타고 내리치는 급류를 따라 보트에서 노를 저어가며 즐기는 여름 레포츠이다. 팀워크가 중요한 만큼 협동심과 인내심이 필요한 레포츠로 전신운동과 동시에 상쾌한 공기를 마시며 자연과 동화되는 과정을 거치게 되어 체력 증진과 건강회복에 좋다. 특히 스릴을 즐기는 이들이라면 여름철 래프팅은 단연 으뜸이다. 파도와 싸우고 계곡의 급류를 헤쳐 나가며 짜릿한 스릴과 박진감을 느낄 수 있다. 또한 전문기술을 필요로 하지 않아 남녀노소 누구나 즐길 수 있다. 초보자를 위해선 숙련된 가이드가 동승해야 하며 팀원들과 호흡을 맞춰야 올바르게 진행할 수 있다.[7]

(4) 단양 남한강

영월고씨굴부터 충북 단양 오사리까지의 구간이 남한강 래프팅 코스이다. 이 구간은 유속이 완만하고 거리가 짧아 학생들의 단체체험프로그램으로 많이 이용되는 코스이다. 아기자기한 코스에 자연풍관이 어울어진 오사리코스는 주말마다 2000천여명이 래프팅을 즐긴다.

래프팅 코스를 따라 파노라마처럼 펼쳐지는 북벽 등 기암괴석의 아름다운 풍광이 래프팅의 재미를 더해준다. 단양 남한강 래프팅 코스는 영춘면 오사리~북벽~하리(밤수동)로 이어진다.

---

7 http://media.daum.net/press(2013.10.30)

구간에 따라 2개 코스로 즐길 수 있다. A코스는 오사리를 출발해 북벽(영춘면 상리)에 이르는 약 7km 구간으로 2시간 정도 걸린다. B코스인 오사리~밤수동 구간(약 12km)은 4시간 정도 소요된다. 두 코스 주변에는 온달동굴(천연기념물 제261호)과 온달산성(사적 제264호), 온달관광지, 남천계곡, 천태종 본산인 구인사 등 명소도 많아 래프팅과 관광을 함께 즐길 수 있다.[8]

4) 래프팅 체험 진행 순서

(1) 오리엔테이션

오리엔테이션은 매우 중요하다. 참가자들에게 래프팅 장비에 대한 설명과 래프팅 장소에 대한 설명, 주의사항 전달 그리고 래프팅 일정에 대해 전반적으로 설명을 한다.

8 http://news.donga.com(2013.10.30)

(2) 수상안전교육

오리엔테이션을 마치면 래프팅을 즐기면서 주의해야 될 사항과 위험시 대처요령 등의 배우게 된다. 구명조끼의 사용, 보트전복 시 대처요령, 물에 빠졌을 때 대처 요령 등은 반듯이 교육 받아야 한다. 각 래프팅 보트마다 수상안전요원들이 동승하지만 항상 사고는 돌발적으로 일어나며, 그럴 경우 자신의 안전은 자신의 판단으로 위험에서 벗어날 수 있어야 한다. 간혹 수상공포증이나, 어깨 등의 탈골 환자들이 발생하여 위험한 상황이 발생되기도 한다.

(3) 준비운동

준비운동은 모든 운동의 기본이 된다. 참가자들은 근육의 긴장을 풀고 차가운 물에 빠지더라도 심장마비를 예방하기 위해 반듯이 준비운동을 해야 한다. 거의 모든 래프팅이 계곡에서 이루어지기 때문에 수온이 차가운 편이다.

(4) 기본 교육

준비운동을 마친 후 참가자들은 조 편성을 하고 배를 배정 받으면 가이드들이 패들 사용법 등의 요령을 교육받는다. 좌(우)현 앞으로, 좌(우)현 뒤로, 양현 앞(뒤)로, 등등 보트가 이동하기 위한 패들요령을 충분히 연습해야 안전한 래프팅을 즐길 수 있다.

(5) 래프팅 체험

기본 교육이 끝나면 래프팅 보트를 타고 정식 래프팅체험을 실시한다. 유속이 완만하면 패들링도 하고 여유도 생기지만, 급류지역에서는 짜릿한 흥분과 쾌감을 맛보게 된다. 유속이 완만하고 깊이가 있는 곳에서는 다양한 게임도 즐길 수 있고, 주변의 경치도 관람할 수 있어 매우 아름다운 추억이 된다. 무더위를 이기로, 협동심도 키우고, 체험학습도 할 수 있는 래프팅 체험을 친구들과 함께 해보기를 권한다.

(6) 정리

래프팅을 끝내고 도착지에 도착하면 래프팅 보트 및 장비(헬멧, 자켓, 패들 등)를 래프팅 보트 위에 가지런히 정리한다. 래프팅 보트를 다시 상류로 운반하게 되면 모두가 협동해서 배에 실어주어야 한다.

5) 패들링 구령법/지상교육

① 양현 앞으로 : 좌, 우현이 동시에 패들링을 한다. 이때 블레이드를 수면과 직각으로 하여 멀리, 깊이 넣어 뒤로 당기는 동작을 반복한다
② 양현 뒤로 : 좌, 우현이 동시에 패들링을 한다. 패들 블레이드를 직각으로 허리뒤로 하여 물을 잡아 앞으로 보낸다. 배가 뒤로 가야 될 때 실시한다
③ 패들 정지 : 패들 블레이드를 수면과 수직으로 물에 잠긴 상태로 정지한다
④ 좌현 앞으로 : 좌현만 패들링을 하고 우현은 대기한다.
⑤ 우현 앞으로 : 우현만 패들링을 하고 좌현은 대기한다.
⑥ 좌현 뒤로 우현 앞으로 : 좌현은 뒤로 패들링을 하고 우현은 앞으로 패들링을 한다.
⑦ 우현 뒤로 좌현 앞으로 : 우현만 뒤로 패들링을 하고 좌현은 앞으로 패들링을 한다.

6) 래프팅 안전 수칙

① 래프팅 중에 절대로 헬멧이나 구명조끼를 벗거나 느슨하게 하면 안 된다.
② 래프팅 중에 보트의 배수를 잘 살핀다.
③ 배가 뒤집어졌을 경우 래프트(배) 안에 있게 되면 즉시 나온다.
④ 래프팅 속에 밧줄을 느슨하게 두면 전복시 몸에 감기거나 위험을 초래하게 된다.

⑤ 억지로 배를 뒤집으려고 하는 등의 장난을 치면 절대 안된다.

⑥ 음주 래프팅을 해서는 안 된다.

⑦ 경험이 풍부한 사람과 동행하는 것이 좋다.

7) 래프팅 준비물

래프팅 체험시에는 갈아입을 여벌의 옷과 슬리퍼 보다는 샌들이 좋고, 썬크림과 샤워도구를 준비하면 된다. 슬리퍼는 벗겨지기 때문에 발을 다치거나 분실의 위험이 있다. 일단 물에 들어가는 스포츠이므로 젖는 것은 당연하다. 빠지는 것을 두려워하지 말고 마음껏 즐기고 오자.

출처 : http://blog.naver.com/PostView.nhn?blogId=rec1820&logNo=120166435278

2. 조정(Rowing)

조정의 역사는 헤아릴 수가 없으나 영국의 템즈강가에서 처음으로 보트 경기가 시작된 1716년 이래 영국과 미국을 중심으로 전통 깊은 스포츠로 이어져 내려오고 있다.[9]

8개의 노를 사용하는 셸(shell) 종목과 2개나 4개의 노를 사용하는 스컬(scull) 종목으로 나뉘며, 주로 내륙의 강이나 호수에서 펼쳐진다. 스컬 종목에서는 선수 1명이 보통 스컬이라고 불리는 2개의 노를 사용한다. 노를 사용하는 종목이든 스컬을 사용하는 종목이든 노의 길이에는 제한이 없으나 대개 노는 약 3.6~3.9m, 스컬은 2.9m이다. 순수한 취미와 낚시용 보트에서 사용되는 노는 대부분 스컬이다. 청소년대회를 제외하고는 배의 크기에는 제한이 없다. 셸 종목의 보트는 8인승의 길이가 16~18m이고, 4인승은 보다 짧다. 스컬 종목의 보트의 길이는 대개 7.6m이다.[10]

조정경기는 키를 잡고 있는 리더(타수)외에는 진행방향을 바라보고 있지 않아 오로지 리더의 구령에 의해서만 노를 힘차게 젓는 경기이다. 조정은 일반인들이 접하기가 까다로운 단점이 있다. 조정을 즐길때에는 간편한 복장과 운동화, 썬그라스, 구명조끼를 착용하면 된다. 우리나라는 88서울올림픽때 건설된 미사리 국제조정경기장이 있다.

9 심창섭 외 5인. 전개서.

10 출처:다음백과사전(2013). 브리테니커.

3. 카누(Kanu)

카누는 "배를 의미하는 스페인어 'CANOA' 에서 온 것으로 그 유래는 원시인이 강이나 바다에서 교통수단 또는 수렵을 위한 도구로서 조그만 배를 고안한데서 찾을 수 있으며, 역사의 발상지는 인류의 기원과 함께 한다" 고 할 수 있다.[11]

현대적인 카누가 나타나기 시작한 것은 "북극의 에스키모인들이 사냥과 이동을 위해 짐승의 뼈와 가죽으로 만들어 사용하였던 카누의 일종인 카약에서 비롯됐다" .[12]

카누는 "인류 역사상 가장 오래되고 원시적인 형태가 잘 보존된 배로서 혼자 혹은 둘이서 옮기기에 그리 어렵지 않은 무게, 보기보다 짐을 많이 실을 수 있는 적재능력, 복잡하거나 어렵지 않은 조종법, 늪지대 같은 얕은 수로에서도 달릴 수 있는 기능, 다른 무동력선에 비해 빠른 속력 등으로 인해 오늘날에도 세계 각국에 가장 널리 보급되어 애용되는 배" 라고 할 수 있다.[13]

"카누에는 2개의 주요형태가 있다. 하나는 현대의 여가용 또는 스포츠용 캐나다 카누처럼 윗부분이 개방되어 있고 1개의 날을 가지는 노를 사용하는 것이고, 다른 하나는 구멍 또는 선미 좌석이 있는 갑판으로 윗부분이 덮여 있는 쌍날의 노가 꼭 맞게 달린 카약이다. 현대의 여가용 또는 스포츠용 카누는 여러 크기가 있는데, 보통은 길이 약 5.2m, 폭 약 85㎝, 안길이 30~36㎝이다. 선미와 선수는 위로 약간 올라가 있다. 카누는 나무, 범포를 덮은 목제 골조, 알루미늄, 플라스틱, 섬유유리 등으로 만들어진다. 어떤 카누는 돛을 이용해 추진되도록 설계 · 개조되기도 하고, 알루미늄제 카누는 선체 밖에 모터를 장착하기 위해 선미를 네모지게 만든다. 20세기초 접개식 카누인 팔트보트(faltboat)

---

11 http://cafe.daum.net/noljacampingcar.(2013.10.30)

12 심창섭 외5인. 전개서

13 김효윤. 전개서.

가 도입되어 물가에 살지 않더라도 목적지까지 쉽게 운반할 수 있어 카약의 사용을 증대시켰다".[14]

14 출처:다음백과사전(2013). 브리테니커.

4. 카약(Kayak)

양쪽 모두에 날이 달린 긴 노를 저어가며 나아가는 스포츠가 카약이다. 1936년부터 올림픽 정식종목이 된 카약은 1983년 우리나라에 카누연맹이 설립되면서 보급되기 시작하였다.

카약은 여러종류가 있으며 경기용과 여행용으로 크게 구분되며, 경기용은 정수용과 급류용으로 나뉘고, 급류용은 회전용과 속도용으로 다시 구분된다. 정수용은 스피드를 위해 개발된 것으로 중심잡기가 매우 어려우며 무게가 매우 가볍다. 급류타기용 카약은 조종 기능이 매우 탁월하여 장애물 회전과 파도타기 등에 이용된다.

완만한 강이나 호수에서 즐기는 카누와는 달리 카약은 거친 물살을 가르며, 스릴과 박진감을 맛볼 수 있는 스포츠이다. 예상하기 힘든 물살을 타고 즐기는 것이므로 순발력과 순간의 판단력을 필요로 한다.[15]

처음에는 물살이 잔잔한 곳에서 시작해서 점점 물살이 센 곳으로 도전해보자. 그러면서 서서히 각종 기술을 익혀가며 계곡의 급류타기를 즐긴다.

15 심창섭 외5인, 전개서

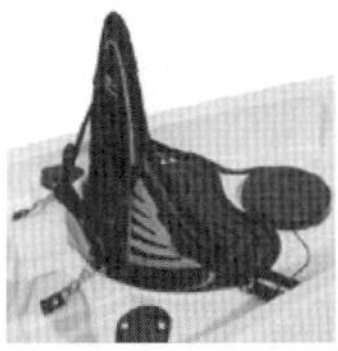		
등받이	패들	trolly

■ 카약의 준비물

카약을 즐길 때에는 여러 가지 준비물이 필요하다. 카약, 노, 스프레이스커트, 헬멧, 구명조끼, 밧줄, 방수가방, 빌지펌프, 신호탄, 싸이렌, 나침반 등이 필요하다.

5. 드래곤보트(용선)

물에서 하는 스포츠 중 하나인 드래곤 보트(Dragon boat)는 용주(龍舟) 또는 용선(龍船)이라고 부른다. 주로 중국 및 동남아시아 지역에서 성행하는데, 2010년부터 아시안게임에 정식종목으로 채택되었다.

보트 머리쪽에는 불을 뿜는 용의 얼굴을 달고 뒤쪽 꼬리부분에는 용의 꼬리 모양을 붙여 용의 모습을 형상화했다. 한 보트에 10~20여 명의 선수들이 탑승하며 북잡이의 북소리에 맞추어 노를 저어 수면 위를 질주하는 경주용 보트이다. 꼬리부문에는 키잡이가 있어서 배의 진행방향을 조정하게 된다.

본래 중국에서 시작된 것으로 민간에서는 단오절 등 명절에 여러 척을 하천이나 호수에 띄워 놓고 서로 경주를 하며 즐겼다. 한편 제왕(帝王)들은 그들의 위엄을 과시하기 위하여 거대한 배를 만들고 선수와 선미를 요의 머리와 꼬리 모양으로 장식을 하였다. 고려와 조선시대에 여러 임금이 만들어 탄 용선은 사치스럽게 만들어졌으며 임금이 탑승한 데서 용선이라고 이름이 붙여진 것이다.

최근 수변개발과 더불어 용선의 모습이 많이 보이고 있다. 대학생, 직장인 등의 친목을 위해 좋은 레저활동이며, 많은 상금이 걸린 대회들이 개최되고 있다.

chapter 05

기타 수상스포츠 장비들

1. 수상자전거
2. 기타 해양레저기구들

chapter 05

기타 수상스포츠 장비들

1. 수상자전거

수상레저스포츠가 발전하면서 많은 수상레저기구들이 개발되었다. 그 중에 하나가 수상자전거인데 매우 안전하고 이동이 편리해서 전국에 많이 보급되어 있다. 2인승이 주를 이루며 여름철 물놀이장에 자주 등장하는 인기 제품들이다. 과거에는 오리배 한 종류만 보급이 되어 다양한 수상레저기구가 없었는데 현재에는 다양한 기구들이 각 지자체나 사업장의 특성에 따라 보급되어 있어 다양한 체험을 해 보는 것도 색다른 재미를 느끼게 한다.

이용방법은 자전거를 타는 요령과 같으며 핸들의 움직임에 따라 방향을 조정할 수 있게 되어 있어 매우 간편하다. 다음 사진에서 보는 것처럼 주로 가족간에 부모와 자녀가 함께 많이 이용한다.

■ 다양한 수상자전거들

2. 기타 해양레저기구들

수상에서의 레저 활동이 증가하면서 외국에서는 다양한 레저기구들이 개발되어 왔는데 사진으로 소개하고자 한다. 우리나라도 스포츠산업적 접근을 통해 일반인들이 쉽고 즐겁고, 안전하게 수상레저스포츠를 즐길 수 있는 기구들이 많이 개발되기를 기대해 본다.

chapter 06

스포츠피싱

1. 바다낚시
2. 장소에 따른 낚시
3. 장비에 따른 낚시
4. 어종에 따른 낚시
5. 위험한 생물들

chapter 06

스포츠피싱

1. 바다낚시

바다낚시의 묘미는 잡은 생선을 그 자리에서 회로 맛 볼 수 있다는 점이다. 민물낚시에서는 경험하지 못하는 새로운 경험과 먹거리의 제공은 해마다 많은 사람들을 바닷가로 부른다. 그런데, 바다물고기는 서식하는 환경에 따라 어종과 낚시방법이 좀 다르다. 그래서 장소와 어종에 따른 낚시방법을 조금 알아둘 필요가 있다. 바다에서 낚시를 해서 회를 뜨게 되고, 매운탕을 끓일 수 있다면, 또한 많이 잡아서 굵은 소금을 뿌려서 집에 가져오게 된다면 여러분은 매우 인기있는 사람이 될 것이며, 삶에 매우 큰 활력을 얻게 될 것이다.

특히 삼면이 바다인 우리나라에서는 갯바위나 방파제 등에서 쉽게 손맛을 볼 수 있다. 배낚시는 비용이 좀 들지만 큰 고기와 많은 조과를 올릴 수 있는 점에서 경험을 권하고 싶다. 바다낚시를 하기 위해서는 낚싯대(릴낚시, 대낚시),

릴, 바늘, 목줄, 원줄, 찌 등이 필요한데 낚시를 하는 장소와 어종에 따라 채비가 달라진다.

■ 다양한 낚시 그림

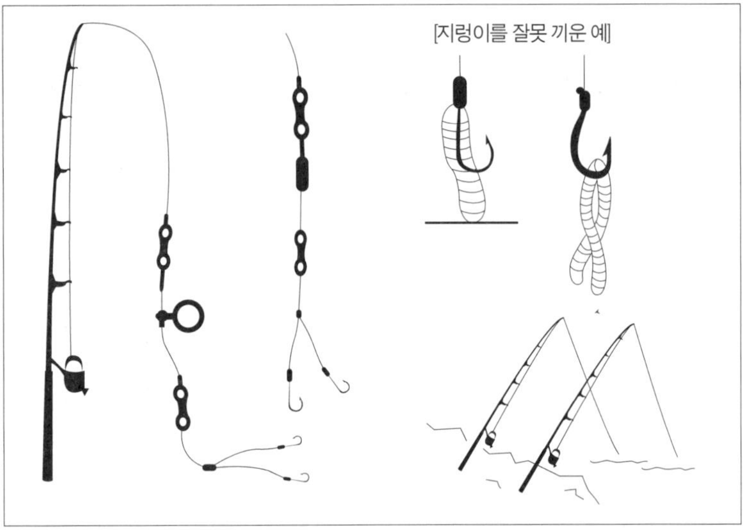

2. 장소에 따른 낚시

1) 갯바위 낚시

해안가에 있는 바위에서 하는 낚시를 갯바위낚시라고 한다. 사진에서 보는 것처럼 대낚시로 간단한 채비를 할 수도 있고, 조금 더 멀리 던지려면 릴대를 이용할 수도 있다. 해안가에서는 갯바위나 다리 위, 수문 위 등에서 갯바위 낚시를 많이 하는데 광어, 우럭, 고등어, 놀래미, 망둥어, 게 등이 잡혀 올라온다. 미끼로는 손쉽게 판매되고 있는 갯지렁이나 새우를 많이 쓴다.

2) 방파제낚시

방파제 주위나 방파제 위에서 바로 아래로 낚시를 던지거나 멀리까지 채비를 던져 낚는 방법이다. 해변보다는 비교적 깊은 수심에 낚시를 던질 수 있어 짜릿한 손맛을 맛볼 수 있다.

■ 감성돔 낚시 채비

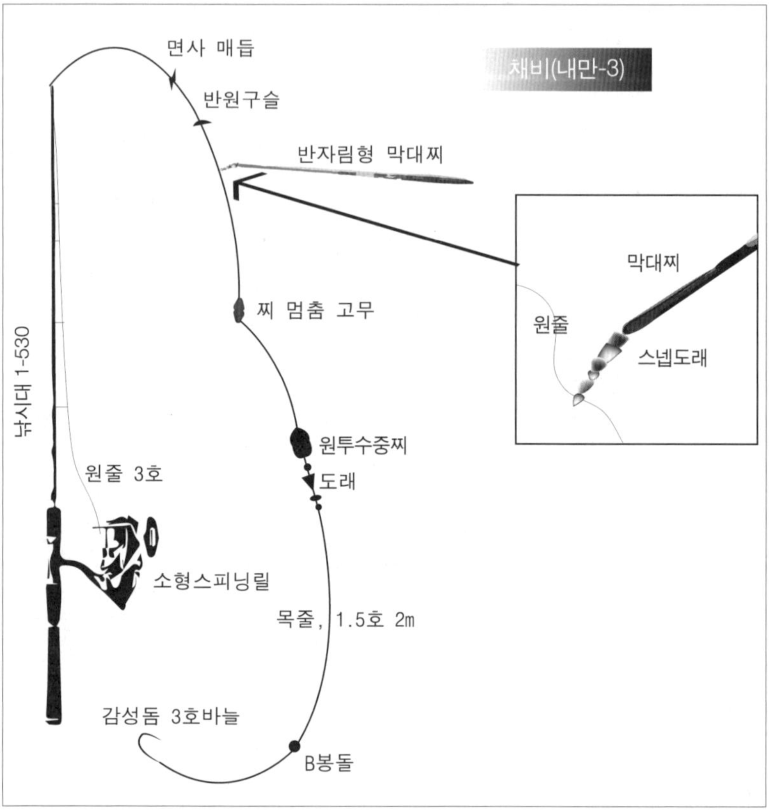
채비(내만-3)
면사 매듭
반원구슬
반자림형 막대찌
막대찌
원줄
스넵도래
찌 멈춤 고무
낚시대 1-530
원투수중찌
도래
원줄 3호
소형스피닝릴
목줄, 1.5호 2m
감성돔 3호바늘
B봉돌

출처 : http://cafe.daum.net/koreahurex(2013.10.30)

3) 보트낚시

보트를 이용해서 해안에서 좀 떨어진 지역에서 낚시를 할 수 있다. 갯바위보다는 훨씬 유리한데 보리멸, 망상어, 붕장어, 고등어, 전갱이, 볼락, 숭어, 노래미, 우럭, 광어 등을 노릴 수 있다. 날씨와 파도, 안전에 주의해야 한다.

4) 배낚시

인천, 군산, 보령 등 바다에 가면 낚시배가 많이 운영되고 있다. 1인당 몇 만원을 내면 근해로 이동하여 배낚시와 식사 등을 제공해 준다. 큰 장비가 없어도 대부분 어군탐지기로 고기를 찾아서 낚시를 하기 때문에 실패가 거의 없다. 여러명일 경우 배를 통째로 임대하기로 한다. 좋은 선장을 만나야 고기도 많이 잡고, 맛있는 회와 매운탕을 먹을 수 있다.

3. 장비에 따른 낚시

1) 대낚시

예전에는 대나무를 썼었는데, 최근에는 탄소섬유가 주 원료인 카본 낚시대를 많이 사용한다. 부피도 작고 견고하며, 감도도 좋고 매우 가볍다. 민물낚시에 주로 사용하지만 갯바위낚시, 방파제낚시 등에도 간편해서 좋다. 찌를 사용하며 대상 어종에 따라 채비방법이 조금씩 다르다.

2) 루어낚시

루어낚시는 요즘 스포츠피싱이라는 용어를 많이 쓰는데 가짜미끼(물고기나 지렁이 모양을 한 인조미끼(웜))를 달아서 릴을 이용하여 멀리 던지고 릴을 서서히 감으면서 미끼가 움직이는 것처럼 보이게 하여 물고기를 낚는 낚시방법이다. 주로 떠 다니는 고기를 잡는데 민물에서는 가물치나 베스를 잡지만, 바다에서는 삼치, 농어 등을 잡는다.

3) 릴 찌낚시

릴을 이용해 찌를 단 추를 멀리 던지면, 물고기가 물었을 때 찌가 쑥 위로 올라 오든가 가라 앉는데, 이를 신호로 챔질을 하여 고기를 낚는 낚시 방법이다. 아무래도 먼거리에 낚시를 던지면 큰 고기를 잡을 확률이 높다.

4) 원투낚시

배낚시에서 주로 사용하며, 얼레에 낚시줄을 감고, 봉돌(납)을 무겁게 달아

수십 미터 이상 바닥에 가라앉힌 후 바닥에서 활동하는 물고기를 노리는 낚시 방법이다. 우럭, 광어, 백조기, 장대, 참돔, 감성돔, 줄돔, 볼락 등을 잡는다.

4. 어종에 따른 낚시

1) 광어낚시

우리나라 사람들이 가장 많이 먹는 회가 아마도 광어일 것이다. 광어는 양식이 되어서도 그렇겠지만 바다낚시로도 많이 잡힌다. 쫀득쫀득한 광어살과 운동량이 많아 씹는 맛이 좋고 고소하고 생선지방(오메가3) 함량이 높은 지느러미 살'은 최고의 회로 불린다.

광어는 해안에서 좀 떨어진 섬 주위의 모래밭, 갯바위 부근, 수심 20m 정도에서 서식한다. 스킨스쿠버를 해 보면 모래 속에 박혀서 눈만 내놓고 있거나 바위 위에 앉아서 보호색으로 구별이 잘 안가기도 한다.

광어는 배낚시일 경우 원투낚시나 릴을 사용한다. 낚시가 바닥에 닿을 수 있도록 목줄을 길게 하고 바늘은 22~28호도 무방하다. 광어를 잡을때 미끼는 살아있는 전갱이 등을 쓰는데 서해안에서는 오징어채나 갯지렁이, 미꾸라지를 사용한다. 선상낚시를 할 경우 선장들이 미꾸라지를 준비해 준다.

낚시는 배가 흐르는 대로 흘러가면서 광어의 호기심을 유발시키고자 손목을 10cm정도 살짝 움직여 준다. 물 속에서 먹이 감이 움직일 때 광어가 있다면 쏜살같이 물 것이다. 물고기를 끌어 올릴 때 만약 물고기가 요동을 친다면 그대로 올리지 말고 물고기가 힘이 빠지도록 줄다리기를 좀 하면서 힘이 빠진듯 싶으면 조심스럽게 릴링하여 끌어 올린다.

물고기가 큰 녀석이면 주위에 알려 뜰채를 이용해서 끌어 올린다. 광어는

1 엔삐라(엔가와, 일본 방언)라고 불리기도 한다.

겨울만 빼고는 다 잡히는데 수온이 내려가면 깊은 곳으로 이동하여 월동을 한다. 6~9월경에 큰 광어가 많이 잡히며, 광어의 맛은 4~5월과 10~11월이 가장 맛의 좋다고 알려져 있다.

2) 망둥어 낚시

망둥어는 갯벌이나 강하구에 서식하는 어종으로 우리나라 전역에서 별 힘 안들이고 잡히는 일년생 어종으로 봄에 산란을 하고 죽는다. 특이하게 공기 호흡을 할 수 있다. 11월~2월 사이에 잡히는 녀석들이 씨알이 크다. 여름에는 자잘한 새끼들이 잡히는데 튀김이나 매운탕을 끓여 먹을 수 있다. 망둥어 튀김은 대단히 맛이 좋다.

겨울철의 큰 망둥어들은 회로도 먹으며, 명태처럼 말려서 코다리를 해 먹기도 하고, 구워 먹기도 한다.

미끼로는 크릴새우는 잘 물지 않으며 갯지렁이나 생선살 등을 사용한다. 강이나 하천이 만나는 포구에서 한겨울에도 잘 문다. 간조때는 물빠진 둠벙을 공략해도 효과가 좋다.

망둥어 낚시 채비는 특별하지가 않다. 그래서 가끔씩 숭어가 달려 나오기도 한다.

출처:http://blog.daum.net/harison4d(2013.10.30)

5. 위험한 바다생물들

1) 위험한 물고기들

바다낚시를 할 때 부주의하다가 물고기 가시에 찔리거나 이빨에 물리는 경우가 종종 있다. 사람은 아프지만 물고기는 목숨 걸고 물거나 찌르는거라 무지 아프다. 게다가 독을 주입하기도 한다. 쏠감뱅이나 미역치 등에 찔리면 거의 다른 일을 못하게 된다. 대개 등가시나, 가슴지느러미가시, 아가미 덥개에 있는 가시에 찔리는데 그 어종을 알아두는 것이 매우 중요하다. 그리고 바다낚시를 할 때에는 반듯이 장갑을 껴야 한다. 연안 낚시에서 걸려 나오는 위험한 물고기들을 정리해보면, 지느러미에 가시가 있는 어종은 쏠종개, 쑤기미, 독가시치, 장대 등이며, 아가미 뒤에 가시가 있는 어종은 농어, 우럭, 옥돔, 성대, 양태 등이 있다. 위험한 이빨을 가진 물고기는 곰치, 붕장어, 갈치, 넙치, 삼치, 게르치 등이 있다.

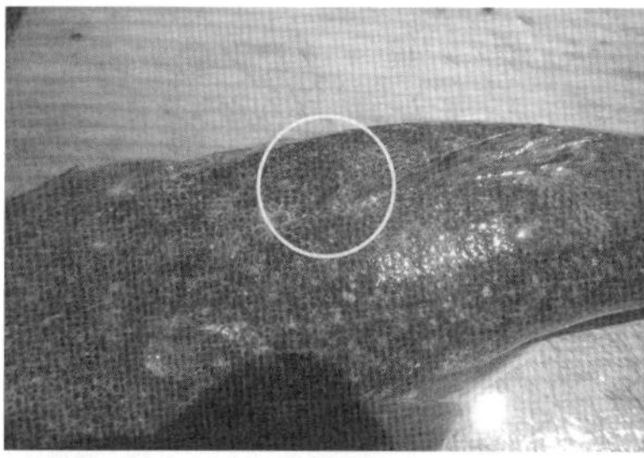

장대

미역치

쏨뱅이

우럭볼락

독가시치

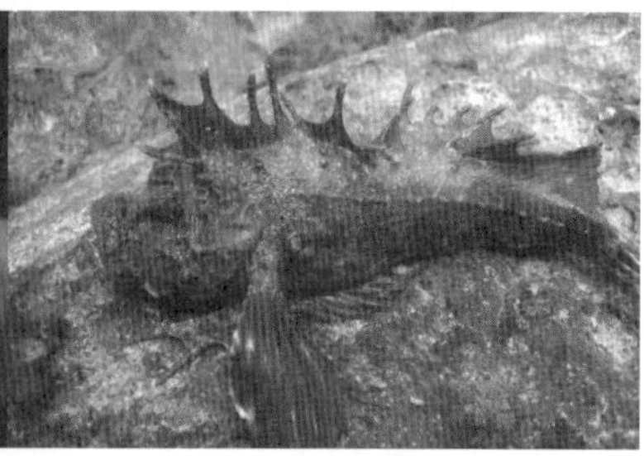

쑤기미

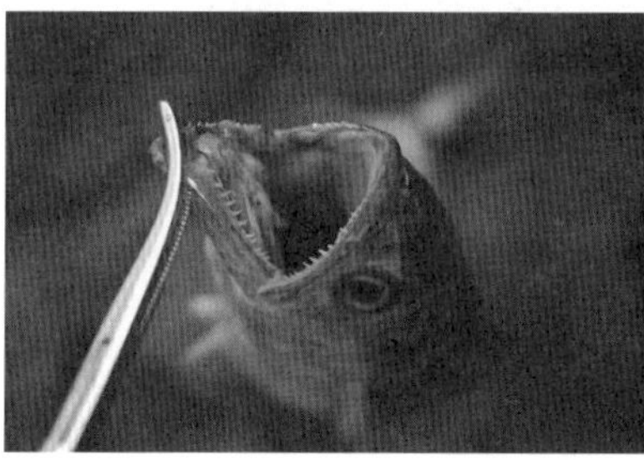

삼치

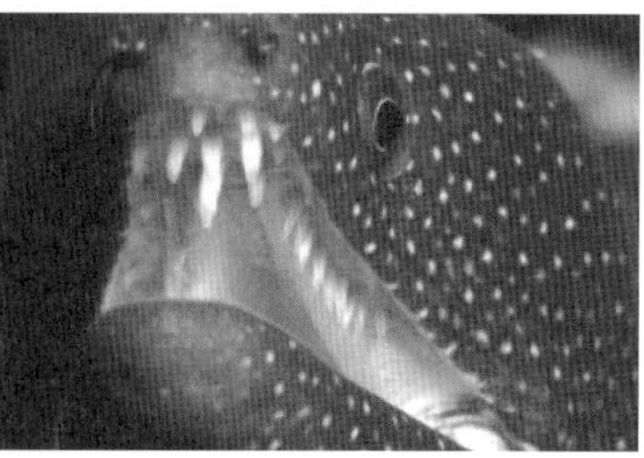

곰치

출처:http://cafe.daum.net/countryguide, http://blog.daum.net/jinsdiver(2013.10.30)

2) 위험한 생물들

지구온난화의 영향으로 우리나라 해역의 수온이 상승하여 우리나라에 없던 위험한 온대성 바다생물들이 나타나고 있다. 아직까지 치료기술이 개발되지 않은 생물들도 있어 낯선 생물들을 경계해야 한다.

① 바다에 위험한 생물들은 몇가지 유형이 있는데 꼬리에 독가시가 있는 노랑가오리, 납작가오리가 있고, 청자고둥은 독이 있으며, 조개구이에서 많이 먹는 삐뚜리에도 독이 있어서 많이 먹으면 어지럽게 된다. 가시성게와 악마불가사리에는 독가시가 있어서 절대로 만지면 안된다.

② 독성해파리의 촉수에 쏘이게 되면 채찍으로 맞은 것처럼 붓고, 발열, 두통, 구역질 등의 증상이 나타난다. 심한 경우는 호흡곤란으로 사망할 수도 있다. 해파리가 붙었을 때는 절대로 손으로 떼어내면 위험하다. 다른 도구를 이용해서 떼어내도록 한다.

③ 해파리에 쏘였을 때는 20분 정도 식초로 상처부위를 소독해야 한다. 술이나 바닷물로 소독해도 무방하다. 몸이 붓거나 구토, 호흡곤란이나 이상증상이 발생될 경우 빨리 병원을 찾아야 한다. 최대한 빨리 찾아야 살 수 있다.

④ 해파리는 사체에만 스쳐도 쏘이므로 신발은 필수로 신어야 한다. 해파리 사체에도 독소가 남아있다.

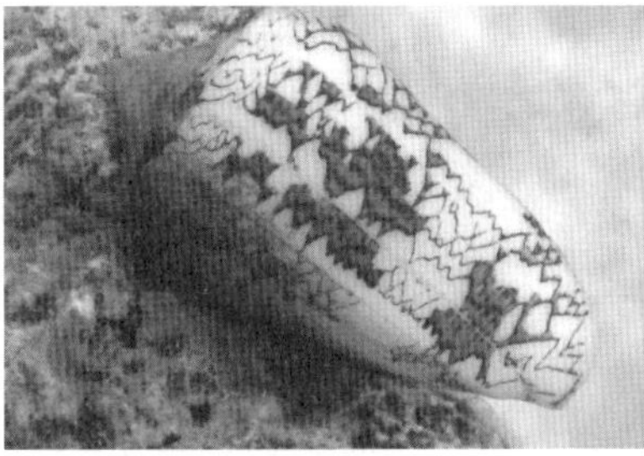

청자고둥

삐투리

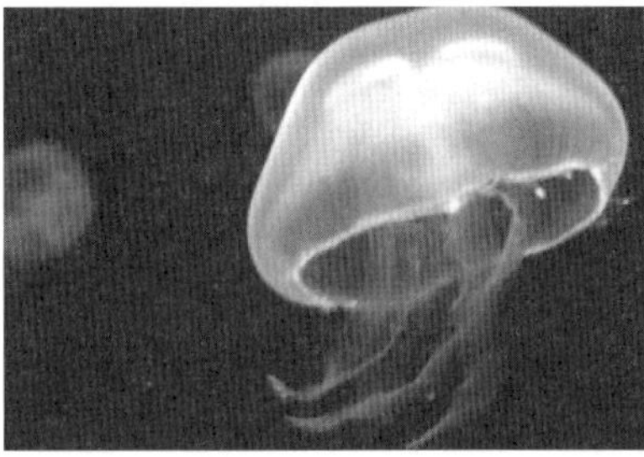

등해파리

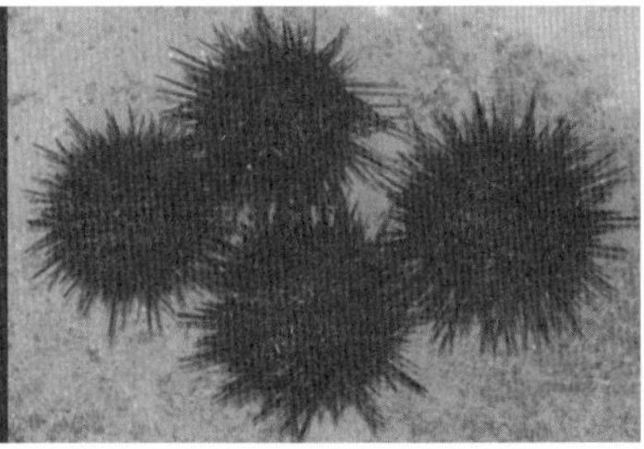

성게

chapter 07

해양레저스포츠를 안전하게 즐기려면

1. 물놀이 사고
2. 안전한 물놀이 즐기기
3. 물에서 주의해야 할 행동
4. 해상에서 위험한 상황

chapter 07

해양레저스포츠를 안전하게 즐기려면

1. 물놀이 사고

우리나라에서는 해마다 물놀이사고가 많이 일어난다. 불행을 방지하기 위하여 바다에서 하지 말아야 될 행동은 안하는 것이 좋다. 여기에 몇가지 안전을 위한 주의사항을 소개한다.

1) 지정된 장소에서 수영

모든 해수욕장에는 수상구조요원이 있지만, 수상구조요원이 모든 사고를 책임지지는 않는다. 구명조끼를 입는 목적이 최후에는 시신을 찾기 위한 것이라는 걸 상기하면서 절대로 수영실력을 과신하면 안된다. 자연은 그만큼 무슨일이 일어날지 모르는 곳이다.

2) 위험지역 출입금지

집중호우, 태풍 등이 만조때와 만나면 수위가 높아져 매우 위험한 상황이 발생된다. 이런 지역에는 들어가지 않는 것이 가장 좋으며, 만약 위험지역에 있다면 신속히 대피하도록 한다. 또한 수심이 깊고 조류가 세거나 급류가 있는 지역은 피하는 것이 좋다

3) 음주 수영, 물 장난 금지

음주 상태에서 준비운동 없이 수영을 하면 심장마비로 익사할 확률이 매우 높아진다. 그리고 물놀이 사고의 원인 중 하나로 친구가 장난치는 줄 알고 구해주지 않다가 사망하는 경우가 많음을 명심해야 한다.

4) 익수자 발견

익수자 발견시 반듯이 주변에 도움을 요청해야 하며 본인의 안전이 확보되지 않은 상황에서는 물에 들어가면 안된다. 물놀이 중에 가족, 친구 등이 물에 빠진 경우 당황하여 이성적 판단력을 상실함으로써 물에 뛰어들어 모두 익사하는 경우가 매우 많다.

5) 항상 신발을 신자

해변 모래 속에는 조개껍데기나 뾰족한 돌, 날카로운 유리 조각 등의 물질이 묻혀있을 수 있으므로 항상 주의해야 한다. 신발을 신고 다니는 것이 가장 좋으며 그렇지 않을 경우 신경을 바짝 써야 한다. 모처럼 놀러가서 발을 다치면 나머지 일정은 포기하거나 고통속에 보내야 한다.

6) 피부 보호

바닷가에서 햇볕에 노출되면 피부가 벌겋게 익어 밤이 되면 화끈거려서 잠을 못자거나 고통받게 된다. 바다에 도착하여 들뜬 기분에 훌러덩 벗어 던지고 그냥 실컷 놀다가는 화를 면하지 못하게 된다. 미리미리 얼굴, 목 뒤, 팔 등 노출되기 쉬운 곳에 자외선 차단제 듬뿍 바르도록 한다.

7) 파도, 이안류 조심

바다의 너울성 파도는 사전 징조가 없다. 그냥 갑자기 물이 불어서 사람들을 바다로 끌고 들어간다. 최근 해운대의 경우 경보시스템을 도입하고 안전요원을 대거 배치하였다. 그러나 2008년 5월 4일 보령 죽도에서는 9명이 사망하고 15명이 부상당하는 사고가 발생하였으나 그 원인을 아무도 밝혀내지 못했다. 순식간의 일어났고, 수면 3~4m 위 갯바위에 있던 사람들이 모조리 쓸려 나갔다. 그러므로 바닷가에서는 항상 파도, 안개, 바람, 조류를 생각하고 있어야 한다.

평화롭기 그지 없었던 작은 파도들이 해안에 이르자 갑자기 대형 파도로 돌변, 사람들을 마구잡이로 잡아먹는 듯한 위협적인 영상은 엄청난 충격을 가져다 주기도 했다.

2. 안전한 물놀이 즐기기

1) 물놀이를 하기 전에는 반드시 준비운동을 한다.
2) 물에 처음 들어갈 때에는 심장에서 먼 부분부터(다리, 팔, 얼굴 등) 적신 후 물에 들어가야 한다.

3) 수영도중 몸에 소름이 돋고 추위를 느끼게 되면 몸을 따뜻하게 감싸고 휴식을 취해야 한다.

4) 다리에 쥐가 나거나 근육 경련이 일어나면 상당히 위험해진다. 이런 조짐이 있을 경우 물에 들어가지를 않는다. 대개의 경우 깊은 곳에 들어가 앞꿈치(꽃발)로만 들고 걷게 되면 바로 종아리에 쥐가 올라온다.

5) 물에 빠진 사람을 발견하면 주위에 소리쳐 알린다.

6) 수영에 자신이 있더라도 가급적 주위의 물건들(장대, 튜브, 스티로폼 등)을 이용하여 안전하게 구조해야 한다.

7) 절대로 무모한 구조는 하면 안된다. 동반사고가 일어나게 된다.

8) 물에 빠진 사람을 발견하면 주위에 소리를 질러 알리고 119에 신고하도록 한다.

9) 장시간의 물놀이는 체온손실을 유발하여 사고 위험에 노출된다.

10) 식사 후에는 적어도 1시간 휴식을 취한 후 물놀이를 한다.

3. 물에서 주의해야 할 행동

1) 준비운동을 꼭 해야한다. 준비운동을 안할 경우 갑작스런 수압이나 수온 등에 의해 심장마비 등이 올 수 있다. 특히 어린이나 노약자인 경우 더욱 주의를 해야 한다.

2) 수심이 얕다고 안심해서는 절대 안 된다. 요즘 미끄럼틀이 매우 가파른 제품이 있어서 물에서 내려올 때 많은 물을 먹고 허우적대다가 방향감각을 잃어 익사하는 경우가 발견되고 있으므로 절대 주의가 요구된다.

3) 바다에 가서 친구 등을 물에 빠뜨리는 행위는 정말 나쁜 행동이다. 이런 행위로 익사, 부상 등의 위험이 있으며, 핸드폰, 안경, 카메라, 지갑을 가장 많이 분실한다.

4. 해상에서 위험한 상황

1) 해상에서의 위험

- 암초 : 수면 아래에 있는 바위를 암초라 하는데 썰물 때 수상스포츠를 즐길 때 항로를 모르면 암초에 부딪혀 큰 사고로 이어질 수 있다. 암초에 부딪히면 스크류가 파손되거나 배가 깨져서 전복될 수 있다. 바다에도 가상의 차선이 있는데 이것이 항로이다. 모든 선박은 우측 통행이 원칙이며 위험한 상황에서도 무조건 우측으로 피해야한다. 큰 배에서는 작은 보트나 사람이 잘 안 보이므로 항로에는 절대 들어가지 않아야 한다.

2) 해변에서의 위험

① 육풍 : 육지에서 바다를 향해서 부는 바람이 육풍인데 이 육풍과 썰물이 만날때 고무보트나 카약을 타는 것은 매우 위험하다. 순식간에 몇 백미터를 밀려 나가기 때문에 강한 육풍이 불 때에는 바짝 긴장을 해야 한다.

② 해풍 : 바다에서 불어오는 바람인 해풍은 높은 파도를 일으키기 때문에 수상스포츠가 어렵고 위험한 상황이 발생할 수 있다. 만약 수상스포츠를 즐기는 중에 이런 상황이 발생되면 출발지점이 아니더라도 가장 가까운 해안으로 빨리 들어와야 한다.

③ 무풍지대 : 주변의 지형으로 높은 산이나 절벽, 건물이 있는 경우 바람이 직접 해변에 불지 않는데 주의하지 않고 있다가 무풍지대를 벗어나는 순간 강한 육풍으로 인해 육지로 돌아오지 못하는 경우가 종종 발생한다. 또한 윈드서핑 등을 즐기다가 무풍지대에 들어가게 되면 꼼짝없이 펌핑을 해야 하는

데 펌핑기술이 없는 초보자의 경우 조난되기 쉽다. 그러므로 해상에서는 파도 색깔을 살피면서 바람이 있는지 없는지를 판단해 가면서 해양레저스포츠를 즐겨야 한다.

3) 기타 위험

① 갯바위 : 갯바위에는 이끼나 해초 등이 붙어 있어 대단히 미끄럽다. 바위에서 바위로 건널때 순간적으로 미끄러질 가능성이 크다. 특히 갯바위에는 해초 외에도 굴 껍질이나 거북손 등이 붙어 있어 베일 수 있으며, 이런 상처는 무지 아프다

② 방파제의 테트라포드는 바닷가에 파도의 힘을 완충시키기 위해 설치한 블록구조물을 말하는데, 갯바위와는 달리 구조물 표면이 둥글어 미끄러져서 아래로 빠져 나오지 못하고 익사하는 사례가 종종 보고되고 있다.

chapter 08

수상스포츠 관련 변화들

1. 마리나항 개발
2. 4대강 개발과 수상스포츠
3. 저수지 개발 특별법의 시행

chapter 08

수상스포츠 관련 변화들

1. 마리나항 개발

2010년에 국토해양부는 전국에 43개 항구에 요트와 보트 등 다양한 레저선박이 드나들고 정박하며 해양레저를 즐길 수 있도록 오는 2019년까지 민간투자를 포함해 총 1조7000억원을 투입해 마리나항만을 개발한다는 계획을 발표했다.

해양레저스포츠 활성화는 3면이 바다인 우리나라에 필수적인 사업으로 우리나라 해안 곳곳에서 크루저보트나 요트를 타고 즐길 수 있는 시대가 열리게 된다. 다만 서해안의 경우 남동해안과는 달리 조수간만의 차이가 커서 또 다른 대책이 필요할 것으로 보인다.

국토부가 세운 '제1차 마리나항만 기본계획'을 살펴보면, 2010년부터 2019년까지 10년 동안 중장기 계획을 세워 마리나항만을 개발하도록 되어 있는

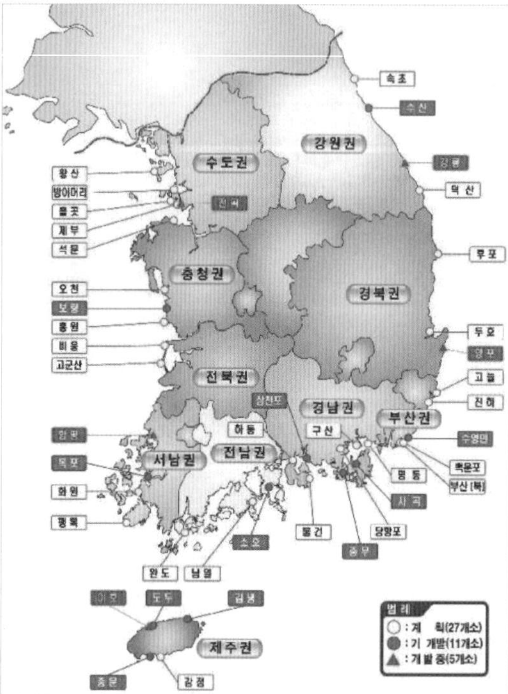

데, 부산 수영만과 경남 통영 및 사천, 제주 중문 등 현재 운영 중이거나 개발 중인 16곳을 포함해 총 43곳을 마리나항만으로 개발한다고 발표하였다.

이들 개발 예정지는 배후 도시의 규모에 맞춰 정박선 수 300척을 수용하는 거점형(12만㎡ 규모), 200척을 수용하는 리조트형(20만㎡ 규모), 100척을 수용하는 레포츠형(4만㎡ 규모)으로 나뉘어 개발된다.

국토부는 1차 기본계획으로 2019년에 선박 총 수가 1만460여척에 이를 것으로 전망하고 있다.

지역별로는 경남권 8곳, 수도권 및 경북권, 제주권이 각 5곳, 충청권과 서남권, 강원권이 각 4곳, 부산권과 전남권이 각 3곳, 전북권이 2곳 등이다.

마리나 건설 사업은 지방자치와 민자유치로 이루어지는 사업으로 사업성이 확실해야 위의 계획이 이루어질 것으로 보이나 레저선박 인구의 증가와 수요가 확대되는 것은 의심의 여지가 없다.

시대에 뒤떨어지지 않으려면 요트와 동력레저조정면허증을 빨리 취득하는 것이 좋겠다.

마리나항의 건설은 새로운 산업을 일으킨다. 첫 번째로 방파제, 호안, 계류

시설, 부지조성비 등 마리나항만내 기본시설 내지 기능시설이 건설된다. 둘째로는 마리나를 이용하기 위한 도로와 숙박, 편의시설 등이 건설된다. 세 번째로는 마리나산업과 관련된 레저선박 제작, 수리, 유류, 부속품 산업이 발생되며, 마지막으로 식 · 음료와 유흥산업이 들어서게 된다.

전남권, 부산권, 제주권의 경우는 이미 많은 마리나 관련 시설들이 건설되어 있어 앞으로 건설될 지역이 어떻게 발전해 나갈 것인지에 대한 방향을 제시해준다.

국가별 마리나항만, 요 · 보트 보유 비교

국가별	인구 (만명)	마리나항만 (개소)	레저기구 보유 (천척)	레저기구 보유비중
미국	30,100	11,000	15,454	척/20명
일본	12,778	570	231	척/552명
독일	8,240	2,700	500	척/166명
영국	6,021	545	541	척/113명
프랑스	6,154	404	491	척/130명
호주	1,925	490	784	척/28명
스웨덴	911	1,500	815	척/11명
한국	4,875	12	10	척/4,875명

· 자료 : ICOMIA, Boating Industry Statistics 2009.
· 한국은 2010년말 기준

국토부는 전국의 강에도 마리나를 확충하기 위한 전략을 수립했다. 마리나를 통해 바다로 나갈 수 있는 방안을 모색 중이며, 요트정비업, 요트차터업 등 마리나 관련 서비스업을 육성해 일반인도 요트를 손쉽게 이용할 수 있도록 한다는 계획이다. 마리나산업이 우리나라 국민들의 삶의 질을 향상시켜 줄 미래 신성장 동력 에너지원이 되기를 기대하고 있고, 2015년까지 3만 명의 일자리를 창출하는 등 서민경제 및 연안 지역경제에도 기여하게 될 것을 예상하고 있다.

2. 4대강 개발과 수상스포츠

말 많고, 탈 많은 4대강 공사가 어찌되었건 마무리가 되었다. 앞으로는 이 4대강 보 인근이나 바다에서 요트, 윈드서핑, 카약 등의 레저활동을 할 수 있는 환경이 조성될 전망이다. 국토해양부는 4대강 보 인근에 마리나 무료체험 교실을 2012년부터 약 50만 명이 요트무료체험을 실시한 것으로 보고하고 있다.

이러한 조치는 해안에 건설중인 마리나 시설과 연계하여 2015년까지 우리나라를 동북아시아의 요트 · 마리나 허브국가로 도약하기 위한 조치라고 한다. 마리나는 바다, 강, 호수 등에서 요트의 정박 외에 보관 · 임대 · 수리 · 판매 및 리조트 · 컨벤션 등 종합적 서비스를 제공하는 해양관광의 핵심 인프라를 말한다.

국민소득의 증가와 주5일제 근무는 우리나라 주말 생활모습을 변화시켰다. 그 중에 하나가 레저활동인데, 이제 국민 누구나 저렴하고 손쉽게 요트 등의 레저활동을 즐길 수 있게 될 전망이다.

관광공사, 4대강 수변공간에서 카약 트래킹 행사 개최
(서울=뉴스와이어) 한국관광공사(사장 이참)는 'Sailing the Dream'이라는 주제로 외래 관광객 1,000만명 유치의 염원을 담아 10월 22일(토) 한강 이포보 등 4대강에서 카약 트래킹 행사를 개최하였다.

이번 행사는 정부의 4대강 살리기 사업으로 조성된 수변공간을 한국관광의 새로운 관광자원으로 활용하기 위해 관광공사가 주한외국공관 주재원 및 가족, 동호인 등을 초청하여 친환경 수상레저스포츠를 통해 아름다운 우리 강을 체험하는 행사로 기획하였다. 여주보-이포보 구간에서 진행된 카약트래킹에는 국내 카약 동호인은 물론, 10개국 30여명의 주한외교사절 일행 등 100여명이 참가하여 카약을 타고 아름다운 우리강의 가을정취를 만끽하였으며, 한강 이포보 및 영산강 승촌보 개방 행사장에서는 선착순 200여명에게 카약 강습 및 체험행사가 무료로 진행되었다. 관광공사 이참 사장은 "독일을 비롯한 유럽의 선진국들은 강변 곳곳에 오토캠핑장과 자전거 도로, 카약 선착장 등 관광인프라를 잘 조성하고 강을 적극적으로 관리 · 이용함으로써, 수많은 관광객을 유치하고 있다"고 말하며, "우리나라의 강은 다양한 체험이 가능하고 역사문화유적이 산재한 더할 나위 없는 최고의 관광자원이다. 이제는 우리도 4대강 살리기 사업으로 정비된 아름다운 우리강과 수변공간을 보다 적극적으로 이용하여 관광한국의 새로운 콘텐츠로 활용해야 할 시점이다"라고 소감을 밝혔다. 한편, 문화체육관광부는 지난해 상대적으로 낙후된 강변 지역의 관광인프라를 확충하기 위하여 '강변 문화관광개발 계획'을 수립하였으며, 2015년까지 전국 주요 강변 34개 지역에 총사업비 1,675억원을 투입하여 친환경 복합 문화관광 및 레저스포츠 인프라 사업을 추진할 계획이다.[1]

1 출처 : 한국관광공사, 2011.10.23

3. 저수지 개발 특별법의 시행

저수지와 같은 농업 생산기반 시설과 그 주변지역을 다양하게 활용할 수 있도록 하는 '농업 생산기반 시설 및 주변지역 활용에 관한 특별법'이 공포됨에 따라 농어촌공사가 충청권을 비롯한 전국 1만7679개 저수지 주변 개발을 시작했다.

현재 우리나라의 저수지는 전국에 등록된 저수지 1만 7679개 중 설치년도가 50년 이상 된 노후시설이 1만 981개소로 전체의 62%에 달하고 있다. 4대강 사업의 일환으로 추진된 저수지 둑 높이기 사업은 지역주민은 물론 도시민들에게 안락하고 좋은 휴식처가 되어 지역 주민들의 소득증대에도 기여할 것으로 기대하고 있다.

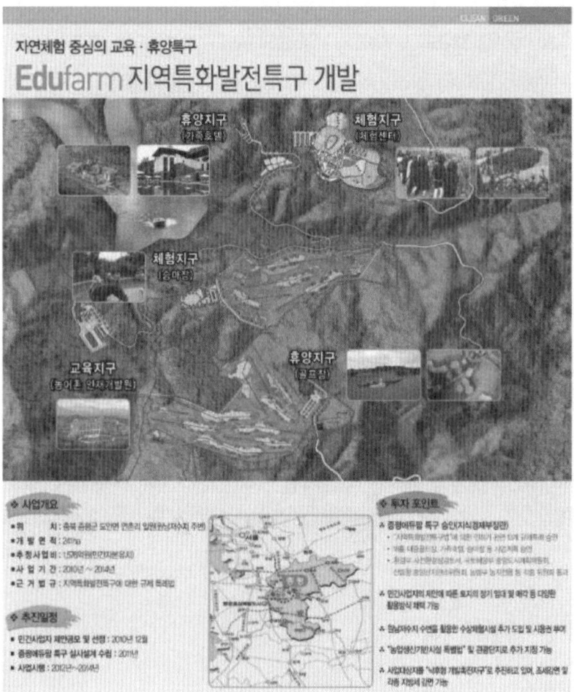

지금까지 우리나라의 댐과 저수지 등은 훌륭한 자연경관 등 관광자원으로써 충분한 잠재력이 있음에도 불구하고 농업기반시설로만 사용되어 왔고, 관광자원으로 개발하는데에는 많은 어려움을 겪어 왔다. 수변개발에 여러 가지 행위 제한이 많았기 때문에 사실상 불가능했던 것이다. 그래서 국내 저수지들은 낚시터 등의 기능 정도로만 활용되는데 그쳤다.

이에 농어촌공사는 '저수지개발 특별법' 의 시행에 따른 시범사업을 진행하고 있다. 충남의 예당저수지, 경기도의 고삼저수지, 전북의 팔덕저수지 3개 지구를 시범사업지구로 선정하고 도시민이 농어촌에 머물며 자연을 체험하고 휴양할 수 있는 공간을 조성한다. 이외에도 충남 논산의 탑정, 충북 진천의 미호, 전남 순천의 백운, 경북 성주의 성주, 경남 울산의 송정, 경기 강화의 고려, 강원 강릉의 장현호 등 7개 호수를 신규사업지구로 지정해 개발을 진행하고 있다.

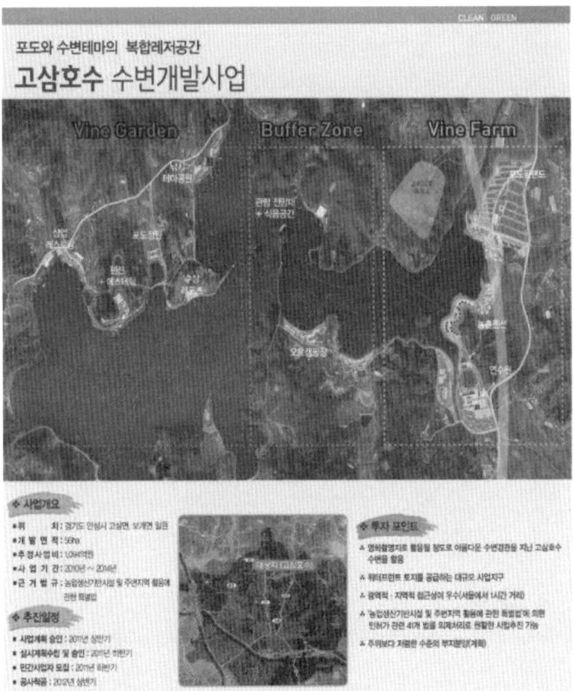

호수를 레저와 관광산업으로 연결한 해외 사례로는 미국 버니지아 스미스 마운틴 호수 주변, 독일의 라체부르크 호수, 일본의 이사노무라 수변공원과 영국의 케직 호수 등은 주변에 고급 저택과 체험관광 시설, 수상체험장 등이 연계되어 지역 소도시의 경제에 기여하고 있다.

특별법의 시행으로 그동안 각종 규제가 심했던 저수지 주변에 휴게음식점, 일반음식점, 숙박시설 제한이 완화되었고, 관광단지개발사업, 체육시설업 등 지역 특화사업을 추진할 수 있게 되었다. 그동안 농업용수를 공급하고, 주로 낚시터 등으로만 이용하던 저수지가 지역특성에 맞는 생태공원, 오토캠핑장, 콘도 등을 조성하고, 승마체험이나 트래킹 등의 프로그램 운영, 수변음악회 등 문화공간으로도 탈바꿈할 것으로 보여 저수지 인근 주민들의 고용창출은 물론 농어업인들의 소득증대 및 농어촌 지역발전에도 크게 도움이 될 것으로 기대된다.

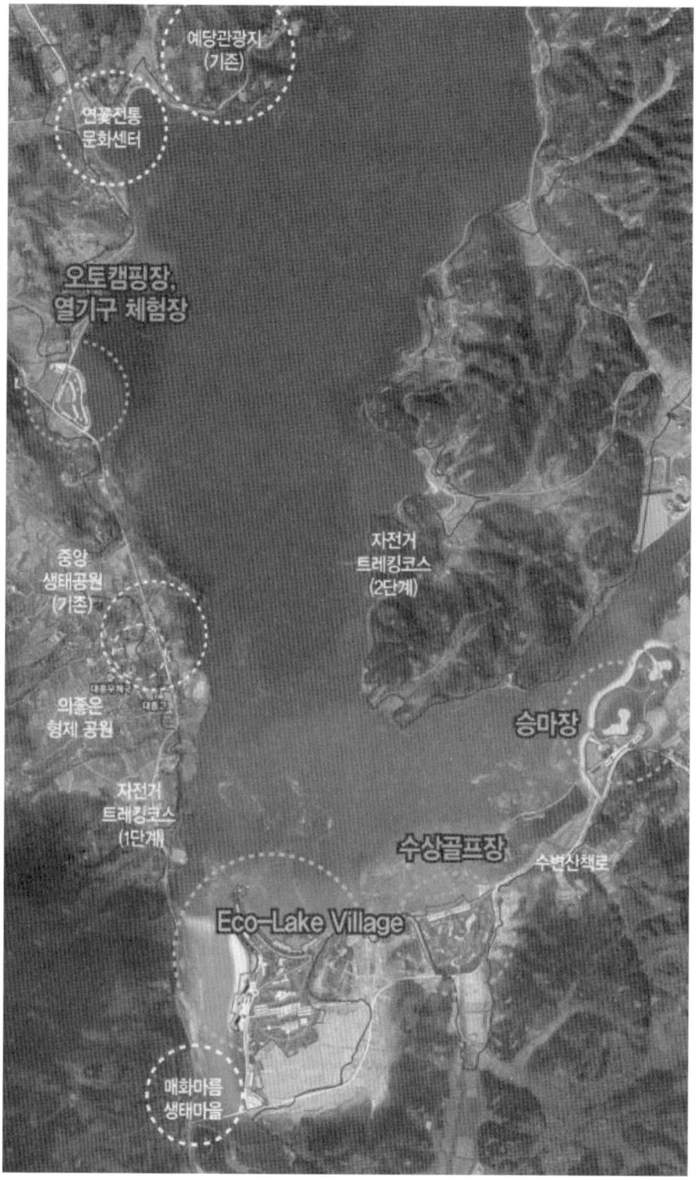

출처 : 나인문. 충청투데이. 2010.6.10.cctoday.co.kr

예당저수지 개발 계획(안)

chapter 09

갯벌 체험과 먹거리

1. 갯벌
2. 갯벌의 생물 잡는 법

chapter 09

갯벌 체험과 먹거리

1. 갯벌

수백만 년 전부터 바다에 먹거리를 생산한 갯벌은 수많은 생물들의 서식처이자 바닷물을 정화시키는 기능이 발견되면서 그 중요성이 새로이 부각되고 있고, 철새들의 도래지로 관광자원의 역할을 톡톡히 해내고 있다.

갯벌은 겉으로는 평범해 보이고, 아무것도 없는 것 같이 보이지만, 가까이 가보면 수십 가지의 각종 갯벌생물들이 갯벌 위나 그 속에 각기 나름대로의 생존 전략을 가지고 엄청난 개체수를 유지하며 살아가고 있다.

특히 최근에는 체험관광의 일환으로 갯벌체험이 각광을 받고 있으며, 학생단체연수, 기업체연수 등에서는 정신력 배양과 협동심 증진의 일환으로 체험캠프 등을 통해 갯벌 훈련에 참여하고 있다.

갯벌에는 식물 164종, 동물 687종으로 총 851종의 생물이 지역과 뻘의 성분에 따라 다르게 분포하고 있다. 특히 우리나라의 갯벌은 멸종위기 철새의 도래지로 전세계적인 주목을 받고 있기도 하다.

이 중에서 우리의 식생활에 익숙한 생물을 열거해 보자면, 바지락, 꼬막, 백합, 소라, 피조개, 갯지렁이, 낙지, 주꾸미, 꽃게, 박하지, 망둥어, 짱둥어. 숭어, 간제미, 서대, 새우, 쏙, 따개비, 굴, 장어 등이 있다.

2. 갯벌 생물 잡는 법

모래가 많이 섞인 갯벌에는 동죽, 바지락, 백합, 가무락, 맛조개, 피조개, 떡조개 등이 산다. 흙 속에 몸을 숨기고 사는 조개들은 바닷물이 들어오면 수관이라 불리는 긴 주둥이를 표면으로 내어 물 속에 떠 있는 유기물을 걸러서 먹이를 먹는다.

민챙이, 비틀이고둥 등의 고둥류들은 퇴적물 내의 유기물을 골라먹지만 우리가 먹기에는 별로 맛이 없다. 그러나 골뱅이(큰구슬우렁이)소라 등은 조개류를 잡아먹고 산다.

골뱅이, 소라 등이 조개를 발견하면 몸으로 감싸고 치설을 이용해 조개 윗부분을 계속 갈아 구멍을 내고 분비물을 넣어 조개살이 녹으면 그 즙을 빨아먹는다. 그 과정을 보면 골뱅이나 소라는 조개한테는 무시무시한 존재이다.

1) 바지락(반지락, shortneck clam)

우리나라에서 가장 흔한 조개로 맛있는 된장국을 끓일 때 빠지지 않는 것이 바로 바지락이다. 바지락 몇 개만 들어가도 국물 맛이 완전히 달라진다. 바지락은 우리나라에서 생산량이 가장 많은 조개로 조개젓갈의 귀한 재료이다.

자갈이 많이 섞여 있는 갯벌 바닥에 조금만 들어가서 호미질을 하면 바로 만날 수 있을 정도로 많이 서식한다. 바지락을 잡으면 갯물에 헹궈서 2시간 정도 담가두면 뻘이 어느 정도 빠지므로 식재료로 이용할 수 있다.

된장찌개, 칼국수, 바지락파전, 바지락라면 등 다양한 요리를 즐길 수 있고, 바닷물에 담아 냉장고에 두면 오래 보관을 할 수 있고, 더 장기간 보관할 경우에는 냉동실에 얼려 요리할 때 아주 요긴하게 쓸 수가 있다.

■ 바지락 잡는법

모래나 자갈이 섞여 있는 갯벌을 호미로 5~10cm 정도 파다보면 바지락이 나온다. 그냥 손으로 주워 담으면 된다(준비물 : 호미, 그릇)

2) 맛조개(razor clam)

맛조개 껍데기는 길이가 15cm 정도가 되며, 대나무처럼 생겨서 죽맛이라고도 불린다. 모래와 뻘이 섞인 갯벌에 50cm 정도 수직형 구멍을 파고 산다. 바닷물이 들어오면 구멍의 위쪽으로 올라와 물 속의 유기물을 걸러 먹고 산다.

■ 맛조개 잡는법

맛조개를 잡는 방법은 여러 가지가 있는데 초보자는 삽으로 잡는 것이 가장 수월하다. 삽으로 5cm 정도의 흙을 떠내고 맛조개 껍질 모양의 구멍을 찾은 후에 소금을 조금 넣어주면 맛조개가 구멍 위로 쏙 올라오는데 이때 잡으면 된다. 소금을 넣으면 왜 조개가 올라오는지에 대한 물음이 꽤 많다. 첫 번째는 바닷물이 들어온 줄 알고 올라온다는 얘기가 있고, 두 번째는 짜니까 올라온다는 설이 있다. 필자는 후자를 생각하는데 그 이유는 소금을 입에 한 숟가락 먹어 보면 알 수 있다(준비물 : 삽, 소금, 그릇).

두 번째는 우산살 끝을 구부려서 쓰는데 40~50cm 정도 되는 가느다란 쇠꼬챙이가 그것이다. 구멍을 찾은 후에 꼬챙이를 맛 구멍에 넣고 살살 돌려 빼면 맛이 함께 찔려 나온다(준비물 : 쇠꼬챙이, 소금, 그릇)

맛조개를 잡다가 놓치면 맛조개가 구멍 안으로 쏙 들어가게 되는데 이때 초보자들은 잡으려는 급한 마음에 모래 속에 손을 쑥 넣는 경우가 있다. 그러나 맛조개는 껍질이 무척 얇아서 그럴 경우 거의가 손톱 옆부분이 찢어져 심한 통증을 겪게 된다. 그러므로 반듯이 목장갑을 끼고 작업을 해야 하며, 놓쳤을 경우 인내력을 가지고 소금을 더 넣어서 나오면 잡도록 한다.

맛조개는 어떻게 먹어도 맛이 좋다. 그래서 맛조개다. 그러나 조개가 다물어지지 않아서 오래 보관할 수 없는 단점이 있다. 이럴 경우 얼리는 것이 가장 좋으며, 간수를 넣어 냉장고에 보관할 경우 4일 정도는 괜찮은 것 같다. 맛조개는 조개찜, 조개구이, 맛조개파전, 젓갈, 국수, 라면, 백숙, 된장찌개, 해물찌게 등에 넣으면 최고의 맛조개 요리를 맛볼 수 있다.

3) 가리맛조개(Sinonovacula constricta)

앞뒤로 긴 주머니칼 모양으로 외국에서는 Jack knife 조개라고도 부른다. 성체는 조개껍데기 크기가 9cm정도로 표면은 황갈색이고 표피는 주름져 있으며 꼭지 부분은 표피가 벗겨져 회백색이 드러나기도 한다. 입자가 고운 펄갯벌에 40-50cm정도 깊이의 직선형 굴을 파고 살며 물이 차면 갯벌표면에 입수관과 출수관을 내놓고 물 속의 유기물을 걸러 먹는다. 주로 찜이나 구이, 찌개에 넣어 먹는다.

4) 소라(turban shell), 골뱅이(큰구슬우렁, golbaengi)

■ 소라, 골뱅이 잡는법

물이 빠진 갯펄에 밤에 랜턴을 가지고 나가면 물이 빠지고 뻘에 남아있는 소라나 골뱅이를 잡을 수 있다.

골뱅이는 모래 속을 파고 들어가서 약 5cm 아래 있기 때문에 모래가 그대로 들어 올려 져서 주먹 만한 크기의 모래혹이 보이게 된다. 작은골뱅이(작은구슬우렁)도 똑같은 요령으로 잡을 수 있다.

소라는 비슷하게 보이는데 등 껍질이 밖에 나와 있기도 한다. 그래서 소라 껍질이 보이는데 살아 있는 것 같으면 뒤집어서 확인해 봐야 한다. 또한 소라는 물이 빠진 큰 바위 아래를 살펴보면 찾을 수 있다.

골뱅이는 모래를 움켜쥐고 살기 때문에 살 속에 모래를 빼려면 2시간 이상 바닷물에 담가 두었다가 먹는 것이 좋다. 그렇지 않고 급하게 먹게 되면 모레를 먹을 수도 있다. 소라는 비교적 모레를 덜 가지고 있어서 조금만 바닷물에 담가두면 된다.

소라나 골뱅이는 쪄 먹어도 되고, 구워 먹어도 되고, 각종 찌개에 넣어도 되지만 필자의 경험으로는 죽을 쑤어 먹는 것이 가장 맛이 있었다.

살짝 쪄서 살을 빼고 1cm 크기로 잘게 썰어서 참기름을 두르고 살짝 볶다가 양파와 당근, 감자 등을 넣고 같이 볶는다. 이때 골뱅이나 소라의 내장을 빼냐고 묻는데 다 넣고 한다. 몽땅 다 맛있는 거다. 한 쪽에서는 찬밥을 이용해도 좋고 살을 불려 미리 죽을 쑤어 놓는다. 양쪽 다 되면 두 개를 큰 냄비에 합하여 소금 간을 조금 하고 마구 섞어서 맛있게 먹으면 세상 부러울 것이 없다.

여기에 앞에서 잡은 맛조개 된장국에 청양고추를 조금 넣고 보글보글 끓여서 곁들이면 옆 사람 하고 말도 안하고 식사를 하게 된다.

5) 낙지(Octopus minor)

싸움소의 원기를 회복시키려고 주인이 먹이는 것이 낙지라고 들었다. 그만큼 낙지가 스테미너 음식이라는 얘기다. 우리나라 갯벌 전체에 서식하는 낙지는 각각의 서식 해역과 환경에 따라 다양한 종류가 있다. 대표적인 것이 신안, 무안이 주산지인 세(細)발낙지이다. 특이한 것은 이들이 부화시기와 서식 환경에 따라 크기도 다양하다는 것이다.

■ 낙지 잡는법

야행성인 낙지는 낮에는 갯벌에 굴을 파고 숨어 있다가 밤이 되면 돌아다니는데 낮에 갯펄에 물이 빠지면 낙지구멍을 찾아 낙지를 잡는다. 낙지잡이는 낙지구멍을 얼마나 잘 찾느냐가 승부를 좌우한다. 수 없이 뚫려있는 비슷비슷한 구멍 중에 낙지구멍을 찾기란 보통 어려운 일이 아니다. 또한 낙지구멍을 찾으면 무지 빠르게 낙지를 잡아야 한다. 낙지는 정말 무지 빠르다. 조금만 늦어도 낙지는 도망가 버린다(준비물 : 삽, 장갑, 그릇).

낙지는 어떻게 먹어도 다 맛있는 음식이다. 낙지탕, 낙지볶음, 낙지무침, 낙지호롱, 낙지회, 낙지해물탕 등등 이루 말할 수 없을 정도로 낙지요리는 많다. 특별히 해감을 할 필요도 없고, 초장이 있다면 즉석에서 바닷물에 씻어서 후루룩 먹어 버린다. 그래서 바다에 무언가를 잡으러 갈 때는 소주 한 병과 초고추장, 물을 가져가면 또 다른 즉석요리와 만날 수 있다.

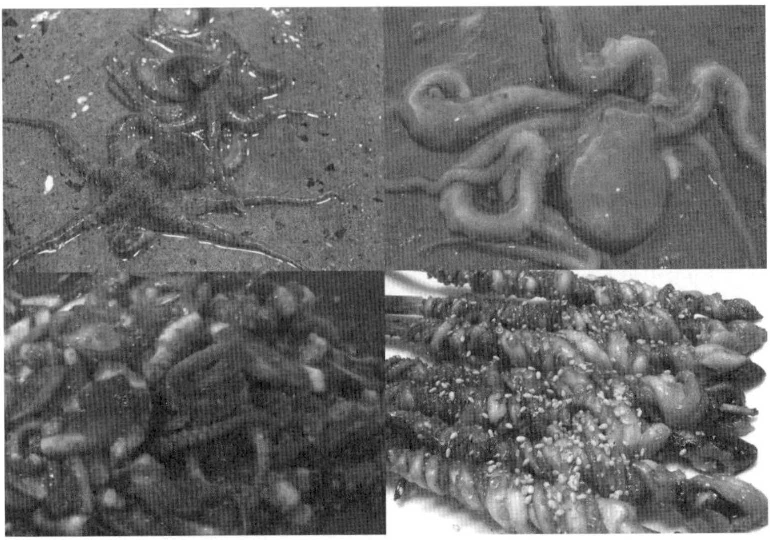

6) 쭈꾸미(Octopus ocellatus)

서해안은 해마다 엄청난 쭈꾸미 낚시꾼들로 성황을 이룬다. 한 사람이 나가면 100~200마리 잡는 것이 보통이다. 한참 성장해야 돼서 식욕이 왕성한 치어기인 9월~11월 경에 쭈꾸미 낚시로 많은 쭈꾸미가 고갈되는 것이 이듬해 2,3월 피크철에 어획량이 감소하는 원인이 되기도 하지만 쭈꾸미 낚시는 여전히 바다낚시꾼들에게 인기를 누리고 있다(보령, 오천 등). 쭈꾸미는 3월에 산란을 하고 알이 부화해서 새끼가 자랄 때까지 보호하다가 죽음을 맞이한다.

쭈꾸미는 철분, 타우린, DHA 성분이 풍부해서 빈혈과 심혈관질환을 예방하고 소화를 촉진하며, 긴장과 스트레스를 완화해 준다. 쭈꾸미 요리는 숙회, 볶음, 구이, 매운탕 등 다양하게 활용할 수 있으며, 가격대비 양을 생각해보면 낙지보다 훨씬 좋은 식재료이다.

■ 쭈꾸미 잡는법

쭈꾸미 낚시는 낚시줄에 쭈꾸미볼(에자)를 달고 바닥에 닿도록 던져 3~4초정도 기다렸다가 챔질을 하면 된다. 쭈꾸미가 걸렸다면 느낌이 묵직하므로 감아올리면 된다. 아무 느낌이 없으면 다시 바닥으로 에자를 내린다. 같은 동작을 반복하는데 처음하는 사람들은 쭈꾸미가 걸린 감을 잘 느끼지 못한다. 그래도 재수가 맞으면 1-2백마리를 잡는다.

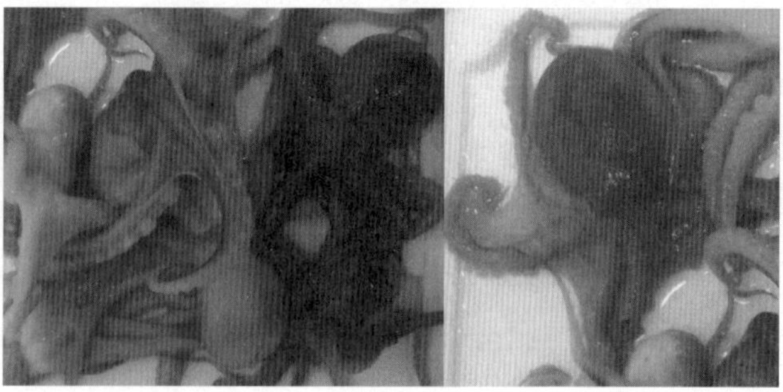

7) 개불(gaebul, Urechis unicinctus Von Drasche)

개불은 불알처럼 생겨서 개불이라고 불린다고 한다. 매우 징그럽게 생겼지만 회로 먹으며 달착지근하며, 정력제로 이용된다고 한다.

간조 때 드러나는 모래와 자갈이 섞인 연안에 U자 모양의 깊은 구멍을 파고 산다. 양쪽 구멍은 둘레가 약간 솟아올라 있다.

■ 개불 잡는법

개불은 날씨가 추운 겨울부터 이듬해 봄까지 잡히는데 여름에는 더워서 뻘 아래 깊숙이 박혀 있다가 겨울철에 수온이 차가워지면 위로 올라오기 때문에 겨울에 개불을 잡는다. 개불은 지렁이처럼 생겨서 좀 징그럽다.

개불은 잡아서 바다에서 손질을 하는 것이 좋다. 부피도 줄어들고 간수에 담가 놓으면 맛이 더 좋아지기 때문이다. 손질 할 때에는 내장도 피가 많고 지저분하여 도시의 여성들은 보지 않는 것이 좋겠다. 보면 못 먹을 수도 있다. 그렇지만 육질이 연하고 쫄깃한 식감으로 맛이 좋다. 주로 회로 먹으며, 횟집이나 일식집에서 전채요리(스끼다시)로 나온다. 각종 탕에 넣어도 식감이 좋으며, 무침으로도 아주 맛이 있고, 김치나 야채랑 볶아도 아주 맛있는 요리가 된다. 아래 사진처럼 나무젓가락에 끼워서 불에 구워먹어도 색다른 맛을 느낄 수 있다. 잡아서 바로 먹는 개불의 맛은 횟집에서 먹는 맛 하고는 비교가 안된다.

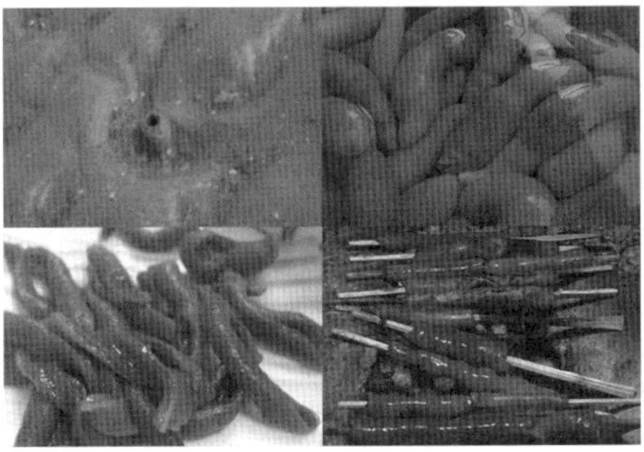

8) 길게

갯벌에서 볼 수 있는 가로로 긴 게들은 주로 길게와 칠게이다. 칠게는 집게다리의 손바닥 안쪽 면에 톱니모양의 돌기가 나 있으나, 길게는 작은 톱니만 있다. 이들 모두 갯벌 속에 사는데, 바닷물이 빠지면 밖으로 나와 개흙 속에 있는 유기물을 먹고 산다.

보통은 잡을 것이 많아서 잘 잡지를 않는데 날씨가 사납거나 기타 사정상 잡을거리가 마땅치 않으면 길게를 잡아 맥주 안주를 하게 된다. 물론 어촌에서는 간장게장을 하거나 조림을 한다. 여기서는 관광객의 입장에서 간단한 요리법을 소개하고자 한다. 길게를 깨끗이 씻어서 물기를 빼고 후라이팬에 기름을 두른 후 익을 때까지 볶는다. 다 볶아지면 설탕과 소금간을 적당히 하고 깨를 좀 뿌리면 훌륭한 안주와 반찬이 된다. 또, 튀김가루를 반죽을 하여 튀겨먹어도 간식거리로 꽤 괜찮다.

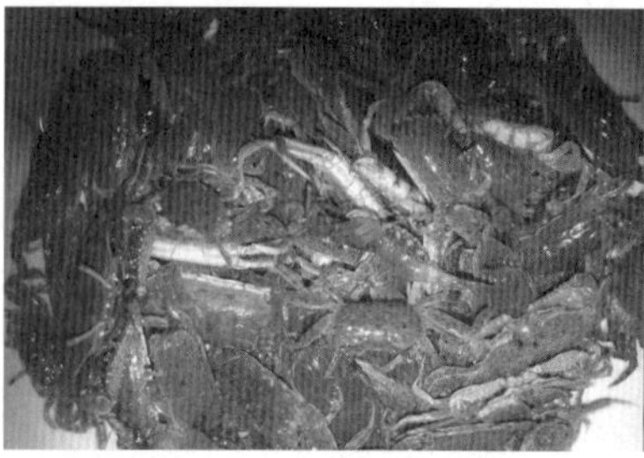

9) 밤게

전 세계에서 유일하게 앞으로 걷는 게가 바로 밤게인데 우리나라 갯벌에 서식하고 있다. 등껍질 모양이 꼭 먹는 '밤' 처럼 생겼다 하여 밤게라고 불린다. 중요한 것은 전세계에서 유일하게 앞으로 걷는 종류라는 것이다. 게가 옆으로만 걷는다는 편견을 깨주는 유일한 종류인 것이다.

사람들이 호기심으로 잡아오는데 잡지 말 것을 권한다. 물론 길게와 동일한 방법으로 먹을 수는 있다. 그러나 껍질이 무척 억세고 단단하여 먹기도 힘들고 먹을 것도 별로 없다. 굉장히 순하며 무척 귀엽다. 잡으면 죽은 척하고 안움직인다.

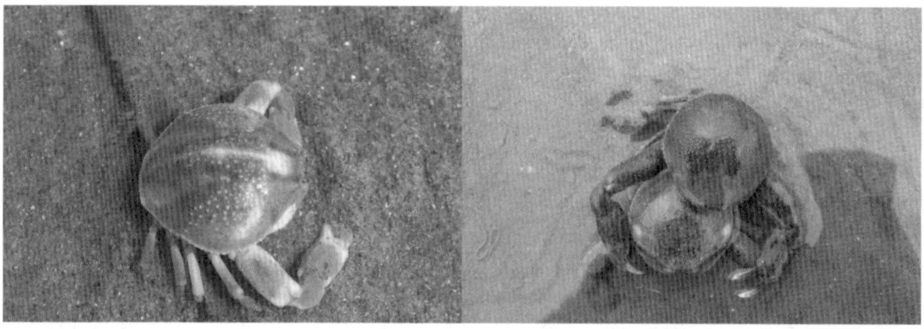

10) 갯가재(Oratosquilla oratoria)

다 자라면 몸 길이가 약 18cm 정도 되는 갯가재는 모래가 많이 섞인 갯벌이나 바닷속 퇴적물에 구멍을 파고 산다. 산란철이 되면 암컷은 몸 전체에 파란색 알이 꽉 차는데 이때가 가장 맛이 좋다.

주로 쪄 먹는데 초밥재료로도 쓰인다. 된장찌개를 끓여도 구수하며, 구워먹거나 간장게장에 같이 담궈 튀겨 먹는다. 탕을 끓여도 시원한 국물이 나온다.

앞발 두 개를 이용해서 권투선수처럼 펀치를 날리며 싸움이나 사냥을 한다. 가끔 TV를 보면 갯가재가 펀치를 날려 게를 때려 기절시키는 장면이 나와 웃음을 짓게 한다.

■ 갯가재 잡는법

갯가재는 입구가 양쪽으로 통하는 굴을 파고 숨어 지낸다. 물이 빠졌을 때 소나무 등으로 만든 뽕대를 이용해서 갯가재가 서식하는 굴의 한 쪽 구멍에 20cm 정도 천천히 밀어 넣은 후 재빨리 뽑아내면 갯가재가 공기의 압력차에 의해 밖으로 빨려 나온다. 이때 "뽕" 소리가 나서 뽕대라고 부른다.

또한, 갯가재는 공격성이 강해서 자신의 집에 누군가가 들어오면 밀어내려고 한다. 그래서 이미 잡은 갯가재나 다른 미끼를 이용하면 입구 밖까지 따라 나오는데 이때 재빨리 잡는 방법도 있다.

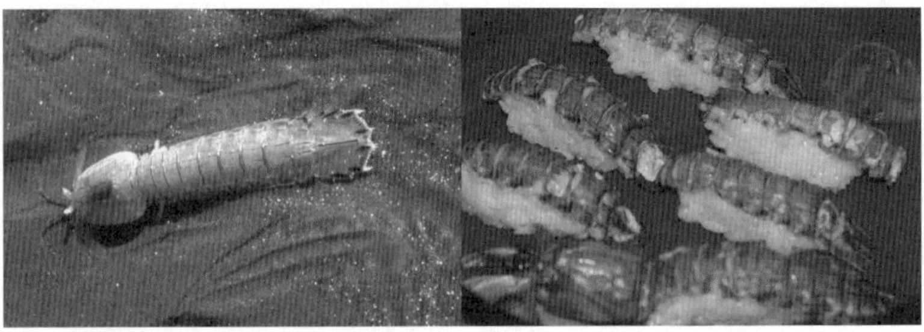

11) 쏙(Mud shrimp)

우리나라 남 · 서해에 분포하며 갯벌에 군락을 이루며 Y자 모양의 구멍을 파고 산다. 갯가재와 마찬가지로 식용으로도 쓰이며 고급 어종의 낚시미끼로도 사용된다.

■ 쏙 잡는법

쏙을 잡는 준비는 매우 간단하다. 묽은 된장과 붓 하나만 있으면 된다. 갯벌에 나가 삽으로 갯펄 상부를 10cm정도 걷어내면 직경 3, 4cm의 구멍이 마구 나타난다. 이때 구멍에 된장을 풀어 넣으면 쏙이 구멍에서 기어나오기도 하며, 안 나오면 구멍에 붓을 밀어넣고 올렸다 내렸다 하면 쏙이 붓을 움켜쥐고 구멍 밖으로 나올 때 잡 는다.

쏙으로 쏙을 잡기도 하는데 잡은 쏙에 실을 매달아 구멍에 집어넣으면 지들기리 싸우는데 이때 살살 끌어올려 잡으면 된다. 아무 도구가 없을 때에도 구멍 위에서 무작정 발로 푹푹 밟으면 무너진 구멍에서 쏙들이 기어나온다.

12) 망둥어(Periophthalmus cantonensis)

망둥어는 갯벌이나 바닥이 진흙이나 모래로 이루어진 강의 하구나 해안 근처에서 산다. 썰물 때에는 갯벌바닥을 뛰거나 기어다니는 모습도 볼 수 있다. 일년살이 어종으로 이른 봄에 산란을 하고 죽는다. 겨울철에 가장 많이 성장하여 겨울에는 회, 회무침, 말린 코다리 반찬, 매운탕, 구이, 조림, 튀김 등 안되는 요리가 없다.

■ 망둥어 잡는법

낚시대에 바늘만 있으면 잡히는게 망둥어다. 어떤 먹이도 다 먹으며, 먹이가 있으면 망설임 없이 바로 먹이를 낚아 챈다. 낚시 초보자들이 손맛을 보는데는 이만한 어종이 없다. 심지어는 망둥어를 썰어서 미끼로 써도 문다. 여름철에는 망둥어가 작은데 일단 망둥어가 있는 곳이면 마리수는 엄청 잡힌다. 작은 망둥어는 튀김을 해 먹으면 별미이다. 바닷가에서는 망둥어를 노가리처럼 말리거나 등을 타서 말려 겨울철 반찬인 코다리 등을 해 먹는다. 맛있다.

13) 꽃게(blue crab)

바닷가 사람들만 아는 특급 비밀이 이 꽃게이다. 육지 사람들은 꽃게는 먼 바다에서만 잡히는 것으로 생각을 하고 있는데 이 꽃게가 물이 많이 빠지는 날이면 낮이면 물이 빠진 모래 속에 숨어 있고 밤이 되면 물이 빠져서 얕은 물 바닥을 기어다닌다.

그래서 낮에는 물 빠진 모래밭을 꼬챙이로 살살 긁고 다니며 잡고 밤에는 랜턴 등을 들고 얕은 물에 들어가 꽃게를 발견하면 그냥 재빨리 손으로 잡으면 되는 것이다. 이때 물리면 무지 아프기 때문에 목장갑을 두 개 정도 끼우던가, 아니면 두꺼운 작업용 장갑을 끼고 가야 된다.

집게나 다른 도구로 꽃게를 잡는다는 시도는 무모하다. 꽃게도 살기 위해서 필사적으로 도망가기 때문에 물 속에서는 무지 빠르다. 도망가다가 재빠르게 모래 속으로 숨는 것이 꽃게의 특기이다.

꽃게요리는 다들 알겠지만 찜이나 탕이 대표적이다. 그렇지만 바닷가에서 갓 잡은 꽃게는 시중에서의 크기보다는 좀 작다. 바로 손질을 해서 튀겨도 아주 좋고(껍질이 바삭바삭해짐), 꽃게라면도 엄청 맛있다.

꽃게장은 담그는 방법이 여러 가지가 있는데 인터넷을 참고하면 좋을 것 같다. 많이 잡으면 얼렸다가 요리를 해 먹을 때 조금씩 넣어 먹으면 국물맛이 매우 좋아진다. 구수한 국물맛이 일품인 꽃게 된장찌게도 추천하고 싶은 종목이다.

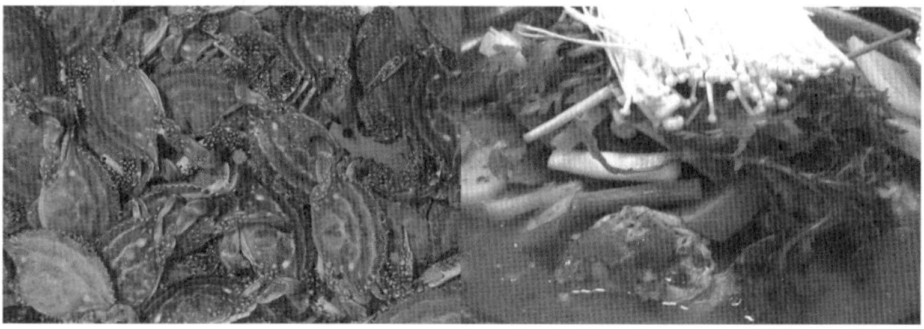

14) 박하지(민꽃게, Charybdis japonica)

박하지는 민꽃게라고 불리며, 해안가에 사는 대표적인 게 종류이다. 주로 바위지대에 서식하며, 바위아래 숨어 지낸다. 물이 많이 빠지는 음력 보름에 물빠진 바위지대를 공략하면 박하지를 쉽게 발견할 수 있다. 그러나 상당히 공격성이 강하며, 잡으려고 하면 두 집게발을 벌려 공격태세를 취한다. 물리면 엄청 아프다. 물면 놓지도 않는다.

박하지는 껍질이 워낙 단단해서 튀겨서도 안되고, 구워서도 별 재미가 없다. 오로지 간장게장이나 매운탕으로 먹는다. 5,6월 경에 가장 맛있다.

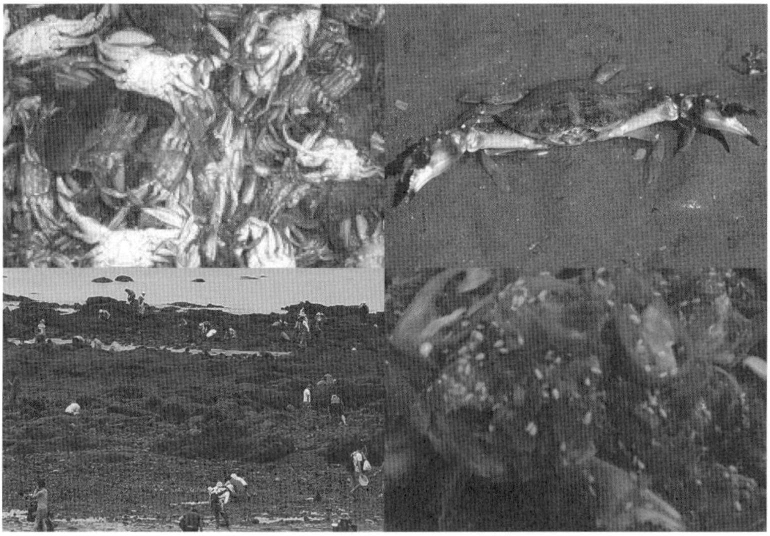

참고문헌

김교준(1990). 윈드서핑의 이해. 경운출판사.
김영광(1989). 바다낚시교실. 청림출판.
김종문(2000). 갯벌탐사도감. (주)예림당.
김홍백(2003). 레저스포츠산업론. 형설출판사.
김효윤(1994). 레포츠가이드. 오성출판사.
나인문. 충청투데이. 2010.6.10 검색.cctoday.co.kr
남동현(2002). 해양스포츠관광 경영론. 대경북스.
네이버 백과사전. 2013.10.30 검색. http://100.naver.com.
네이버 지식백과. (스포츠 백과, 2008), 2013.10.30 검색. http://100.naver.com.
다음백과사전(2013). 브리테니커.
다음카페. 2013.10.30 검색. http://cafe.daum.net/sby7. 우성아이비 홈페이지 2차 자료
박병국(2006). 윈드서핑의 이해. UUP(울산대학교출판부).
빌존스,하명수 옮김(1996). 주말에 배우는 윈드서핑. 하서출판사.
세일링해피(2013). http://blog.daum.net/sailing-happy.
심창섭, 김홍백, 이상숙, 성낙훈, 조재혁, 윤지희(2003). 레포츠 종목 로드맵 Book. 도서출판 홍경.
에어웨이브 홈페이지(2013.10.30). http://www.airwave.co.kr.
위키백과사전(2013). http://ko.wikipedia.org.
윈드매니아(2013). http://windmania.co.kr/windsurfing
이석인, 이신인, 주희철(2000). 윈드서핑. 도서출판 21세기교육사.
존 드리스콜, 하명수 옮김(1997). 주말에 배우는 요트. 하서출판사.
통영요트학교(2013.10.30). http://www.tyyacht.com.
한국레저연구회(1996). 실전윈드서핑교실. 예문당.
http://blog.daum.net/harison4d(2013.10.30)
http://blog.naver.com/PostView.nhn?blogId=rec1820&logNo=120166435278
http://cafe.daum.net/countryguide
http://cafe.daum.net/koreahurex(2013.10.30)
http://cafe.daum.net/sydneyrockfishing(2013.10.30)
http://cafe.daum.net/ufishing/(2013.10.30)
http://news.sbs.co.kr/section_news(2013.10.30)
http://www.newsis.com(2013.10.30)

http://blog.daum.net/jinsdiver(2013.10.30)

http://cafe.daum.net/sby7(2013.10.30)

http://media.daum.net/press(2013.10.30)

http://news.donga.com(2013.10.30)